会计表单一学就会

孙蕾蕾 吴怀镛 编著

中国宇航出版社
·北京·

图书在版编目（CIP）数据

会计表单一学就会 / 孙蕾蕾，吴怀镛编著. -- 北京
: 中国宇航出版社，2012.10
ISBN 978-7-5159-0301-9

Ⅰ.①会… Ⅱ.①孙… ②吴… Ⅲ.①会计报表-基本知识 Ⅳ.①F231.5

中国版本图书馆 CIP 数据核字（2012）第 226916 号

策划编辑	董　琳	**封面设计**	文道思
责任编辑	陈晓敏	**责任校对**	李　立

出版发行	**中国宇航出版社**		
社　址	北京市阜成路 8 号 （010）68768548	邮　编	100830
网　址	www.caphbook.com		
经　销	新华书店		
发行部	（010）68371900 （010）68768541		（010）88530478（传真） （010）68767294（传真）
零售店	读者服务部 （010）68371105		北京宇航文苑 （010）62529336
承　印	北京嘉恒彩色印刷有限公司		
版　次	2012 年 10 月第 1 版		2012 年 10 月第 1 次印刷
规　格	787×960	开　本	1/16
印　张	14.5	字　数	260 千字
书　号	ISBN 978-7-5159-0301-9		
定　价	35.00 元		

本书如有印装质量问题，可与发行部联系调换

前　言

古诗有云：“会当凌绝顶，一览众山小。”看山如此，在会计工作中也是如此。只有上升到一定的高度，才能纵观全景，从而运筹帷幄，成竹于胸。

如果说会计工作是群山，那么我们只有把握了会计核算的整个流程才能窥见群山的全貌。

然而，在工作中，我们接触到的往往只是会计工作流程中的一小部分，很少能对会计工作有个整体的把握。而作为一个会计主管或财务总监，必须对会计的每个流程都非常了解，从而能够对整个会计工作负责。

因此，在努力工作的同时你是否发现自己视野不够广阔；

是否明了自己工作处于会计流程中的哪一个环节；

是否觉得虽然对手头工作比较熟悉，但对于其他岗位则知之甚少；

是否期望提升自己但又不知如何着手……

如果你有上述疑惑，那么，这本书就是为您量身打造的书。本书图文并茂，力求深入浅出地向你展现会计工作的全部流程。

在本书的前部分我们将带您进入到体验会计流程的旅途。从初期建账开始，经过编制与审核原始凭证，填制记账凭证，登记账簿，期末对账、结账，直至编制财务报表，装订成册，完成一个完整的会计循环，全方面地接触会计实践活动，使读者对会计工作环境及其工作内容有个全新的体验。本书还采用实例展示，手把手教您如何编制会计报表，让您身临其境地体验报表的编制。后部分则更加贴近实务，举例讲解了实务中重要的会计处理，包括金融资产、长期股权投资、收入确定以及企业所得税等相关问题。

通过对本书的阅读和学习，您可以在最短的时间内轻松地对会计流程有一个通透的把握，并且掌握指导实务的依据，以及会计实务中经常遇到问题的解决办法。

由于作者水平有限，加之时间仓促，书中难免会有不尽如意的地方，希望各位读者指正和谅解。

最后，对一贯支持我们的广大读者朋友和对本书的出版做出努力的朋友一并表示感谢。

作　者
2012 年 9 月

目　录

第一章

上帝偏爱有准备的头脑

——会计职业展望与规划

内容概览

俗话说“男怕选错行，女怕嫁错郎”。现在社会，男女都怕选错行，一个好的行业选择对于职业规划来说可谓至关重要，行业决定了职业规划的方向以及未来发展的高度。会计行业的前景是怎样的呢？身为初入该行业的你应该怎么进行职业规划呢？

通过本章的学习，你将能找到答案，还将知晓财务高层管理人员应具有那些方面的素质及能力要求。本章将指导你如何一步步将自己准备好，成为一名合格并优秀的财务人员。

第一节 理想的彼岸——会计的职业展望

一、会计职业前景

在当今社会，会计、医生和律师是人们所向往的三大自由职业。一提到会计职业，给人的第一印象就是“专业人士、高薪阶层”，中国正在迎来一个“财务管理的世纪”，会计行业的蓬勃发展，对有志于从事会计职业的人士越来越展现出巨大的吸引力。

首先，会计职业可以带给高级管理人员必需的知识储备和更大的发展空间。据美国福布斯杂志统计，2008 年世界 500 强企业中的首席执行官中，约有 25% 以上的教育背景是会计专业，有 35% 是从首席财务官升任的。会计教育或者职业背景为通向高层管理的道路奠定了坚实的基础。可见，会计确实是充满机遇的职业，将造就出无数成功人士。

其次，会计职业具有很大的责任与风险。在传统的观念中，会计人员唯老板之命是从，只需要对老板负责就行了。但按照我国有关法律的规定，企业的会计人员除要向管理者负责之外，更要向国家、社会公众负责，这就使得会计职业面临着风险和责任。会计人员只有遵守国家的各项法规，恪守职业道德、严格按照国家的财经纪律工作，才能尽可能地降低职业风险。

再次，会计是充满挑战的职业。我国现在有 1 200 万人从事会计职业，无论是就业还是升职都面临激烈的竞争。然而，虽然有如此多的会计从业者，我国却十分匮乏具有国际水准和现代经营理念的高水平会计人员，也只有这些高素质的会计人员才能够脱颖而出，成为人们所羡慕的“金领”。

最后，会计职业正在由“劳动密集型”向“智力密集型”转化，需要不断地进行学习。在传统的会计工作中，经验是至关重要的因素，会计技能也往往是通过师傅带徒弟的方式进行传递。但在现代会计工作中，随着经济活动的复杂化，会计技术、会计规则处在不断变化中，需要会计人员不断地更新自身的知识结构，不断地学习新知识。

二、会计职业的成功途径

会计职业的起点可能是某个企业，也可能是某个会计师事务所、某个会计服务公司等中介咨询机构。如图 1－1 所示，会计的成功途径大致有如下几条。

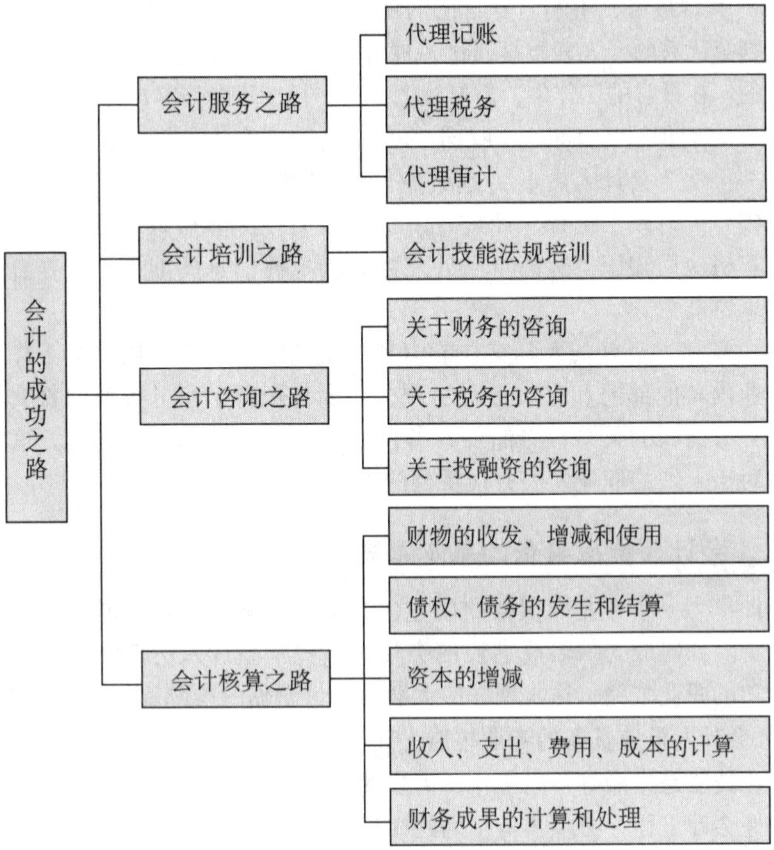

图1-1　会计行业的职业发展方向

第二节　预则立，不预则废——职业规划

一、会计人员如何实现自己的职业发展

进行职业规划只是职业生涯的开始，更重要的是怎样实现自己的宏伟目标，走上事业的成功之路。在成功的道路上需要不断付出艰辛的奋斗，而且要讲求一定的方式方法。一些成功人士总结了自己成才的经验，可以供你参考：

（1）要有长远的职业规划。凡事预则立、不预则废，制定适合自己的职业规划，是激励会计人员沿着理想的目标，实现可持续发展的前提。

（2）积沙成塔，不断培养自己的良好素质。比如，正直诚信、独立思考、坚持原则等优秀的个人素质是通过一件件小事培养的，也是通过一件件小事得以体现的。在日常的工作中，需要注意一言一行，不断培养自己的良好素质。

（3）与时俱进，不断学习。学习是不断完善个人知识结构，适应社会发展的唯一办法。会计人员不仅要具备扎实的专业技能，还要广泛地学习货币、金融、银行、财政、统计、计量经济学等相关经济学知识，同时还要了解法律和计算机应用知识，提高自己处理数据和把握信息的能力，培养自己严谨的逻辑思维能力。

（4）要培养良好的人际交往能力和一定的管理能力。做财会工作，不仅要跟企业内其他部门和人员进行协调，还要与银行、税务等部门打交道，要处理好方方面面的关系，必然要具备良好的人际交往和办事能力。这些能力的培养对于未来的职业发展有很重要的现实意义。

二、会计人员应具备的基本素质

会计作为一个专业性很强的职业，对于专业素质和职业道德方面有着很高的要求。如何成为一名高素质的会计人员呢？会计人员需要哪些素质才能走上成功的职业之路？这是现在广大会计人员面临的难题。

1. 会计人员应具备的专业技能

专业技能是指做好一门工作所需要的基础知识和操作技术，如图 1－2 所示，做好会计工作，必须具备下列的知识与技术。

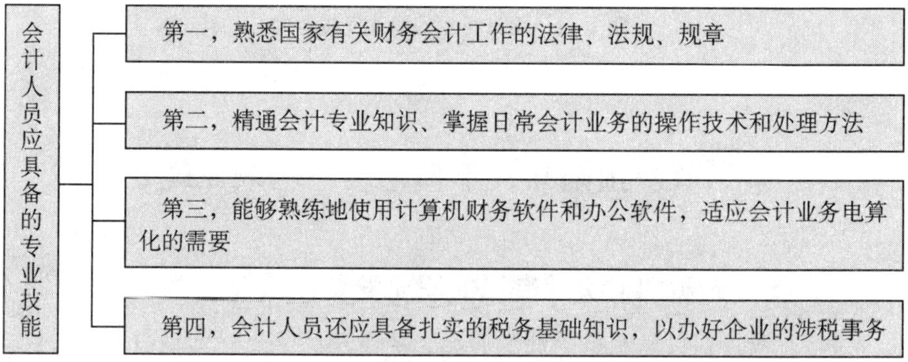

图 1－2　会计人员应具备的专业技能

2. 会计人员应具备的职业道德

由于会计工作在企业中的特殊性，良好的职业道德是会计人员职业生命的依托。会计人员应具备的职业道德如图 1－3 所示。

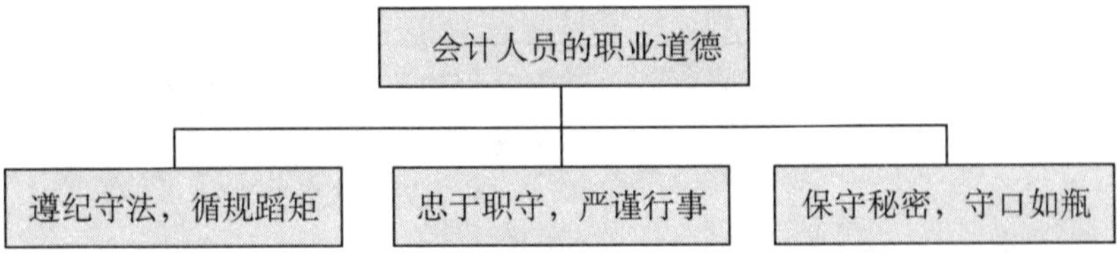

图1－3　会计人员应具备的职业道德

总的来说，一名合格的会计人员必须具有以上的专业技能和专业素质，除此之外，还需要在实际工作中去锻炼，只有在实务操作中不断提高这些素质，才能真正走上会计职业的成功之路。

三、各个会计职称的基本条件与基本职责

会计专业职称分为高级会计师、会计师、助理会计师、会计员，其中，高级会计师为高级职称，会计师为中级职称，助理会计师和会计员为初级职称。这些会计职称需要具备的基本条件和基本职责见表1－1。

表1－1　各个会计职称的基本条件和职责

职称	基本条件	基本职责
会计员	初步掌握财务会计知识和技能； 熟悉并能认真执行有关会计法规和财务会计制度； 能担任一个岗位的财务会计工作； 大学专科或中等专业学校毕业，在财务会计工作岗位上见习1年期满	负责具体审核和办理财务收支； 编制记账凭证； 登记会计账簿； 编制会计报表和办理其他会计事项
助理会计师	掌握一般的财务会计基础理论和专业知识； 熟悉并能正确执行有关的财经方针、政策和财务会计法规、制度； 能担负一个方面或某个重要岗位的财务会计工作； 取得硕士学位或取得第二学士学位或研究生班结业证书，具备履行助理会计师职责的能力，或者大学本科毕业后在财务会计工作岗位上见习1年期满，或者大学专科毕业并担任会计员职务2年以上，或者中等专业学校毕业并担任会计员职务4年以上	负责草拟一般的财务会计制度、规定、办法； 解释、解答财务会计法规、制度中的一般规定； 分析、检查某一方面或某些项目的财务收支和预算的执行情况

（续表）

职称	基本条件	基本职责
会计师	较系统地掌握财务会计基础理论和专业知识； 掌握并能正确贯彻执行有关的财经方针、政策和财务会计法规、制度； 具有一定的财务会计工作经验，能担负一个单位或管理一个地区、一个部门、一个系统某个方面的财务会计工作； 取得博士学位并具有履行会计师职责的能力，或者取得硕士学位并担任助理会计师职务2年左右，或者取得第二学士学位或研究生班结业证书并担任助理会计师职务2～3年，或者大学本科或专科毕业并担任助理会计师职务4年以上	负责草拟比较重要的财务会计制度、规定、办法； 解释、解答财务会计法规、制度中的重要问题； 分析、检查财务收支和预算执行情况，培养初级会计人才
高级会计师	较系统地掌握经济、财务会计理论和专业知识； 具有较高的政策水平和丰富的财务会计工作经验，能担负一个地区、一个部门或一个系统的财务会计管理工作； 取得博士学位并担任会计师职务2～3年，或者取得硕士学位、第二学士学位或研究生班结业证书，或者大学本科毕业并担任会计师职务5年以上	负责草拟和解释、解答一个地区、一个部门、一个系统或在全国施行的财务会计法规、制度、办法； 组织和指导一个地区或一个部门、一个系统的经济核算和财务会计工作，培养中级以上会计人才

四、如何编制会计人员的职业规划表

所谓职业规划（Career Planning）是一个人制定职业目标、确定实现目标的手段的不断发展过程。职业规划有助于人们认清自己的人生目标，从而确定并实现与人生目标密切相关的职业目标，对于更好地实现自我有着不可忽视的重要作用。同时，由于社会环境、工作环境、个人能力都处于不断变化中，因此，职业规划也是一个动态的过程，它有助于人们面对已经变化的个人需求及工作需求进行恰当的调整，从而达到最佳的职业状态。

职业规划的作用就在于确立自己在职业发展方面的前进方向和目的地，

因此，必须慎重地做好第一步，问自己“我想从事什么样的职业，想在这一职业道路上达到什么目标？5年后我想干什么？10年后、更久之后呢？”一旦确定了自己的事业目标，就要进一步作出明确的进程规划，在日后的工作中按照既定的规划进行，并不断审视，在偏离既定轨道的情形出现时及时纠正；当然，也不排除根据实际情况的变化而作出的适时调整。

为使目标和规划更为具体和明确，最好是把它们做成直观的图表，列明你所能想到的有用的各相关事项，作为今后工作进程的依据，并提供调整的基础。通俗而形象地说，一张完善的职业规划表就是帮助你走到目的地的旅行地图，它把通向最后目标途中的所有中转站都列了出来，当你偏离目标时，它可将你引回正确的轨道上来，更重要的是，你还可以根据需要列出在这些路途中和中转站你所需要做好的种种准备，以便更好地到达目的地并能心情愉快地享受过程。下面，本书抛砖引玉，为你提供一个可资参考的简单的职业规划表，你可以发挥才智，制定出更实用、更完善的职业规划表，相信它能够在你的职业生涯中助你一臂之力，见表1－2。

表1－2　职业规划表

职称	初级		中级	高级	
职位	会计员	主管会计	会计主管	总会计师	财务总监
实现目标年份					
所要拥有的知识储备					
所要具备的基本素质					
所要具备的工作、社交等能力					
实现情况及目标进程调整					
其他（需要做出的说明、补充等）					

第二章

会计工作流程及岗位设置

内容概览

会计工作最终的成果是会计报表，从最初的原始凭证到最后的会计报表，经过了多道程序。多数情况下，特别是在大型企业里，我们平日里接触到的只是会计工作流程中的某一个环节，如果把会计整个流程比作是一片森林的话，那么在某段时间里我们个人所接触到的也许仅仅是森林中的一棵树。

通过本章的学习，我们将了解到会计工作的整个流程，从较高的角度来把握会计工作。我们还将了解到会计工作的岗位设置，团队合作在会计工作中的重要作用。

第一节　会计工作流程

会计工作的基本流程，就是会计人员在会计期间内，按照国家制定的会计制度，运用一定的会计方法，遵循一定的会计步骤对经济数据进行记录、计算、汇总、报告，从编制会计凭证、登记会计账簿到形成会计报表的过程。会计工作流程大致可描述为以下几步，如图 2－1 所示。

（1）对出纳转过来的各种原始凭证进行审核，审核无误后，编制记账凭证。

（2）根据记账凭证登记各种明细分类账。

（3）月末作计提、摊销、结转记账凭证，对所有记账凭证进行汇总，编制记账凭证汇总表，根据记账凭证汇总表登记总账。

（4）结账、对账。做到账证相符、账账相符、账实相符。

（5）编制会计报表，做到数字准确、内容完整，并进行分析说明。

（6）将记账凭证装订成册，妥善保管。

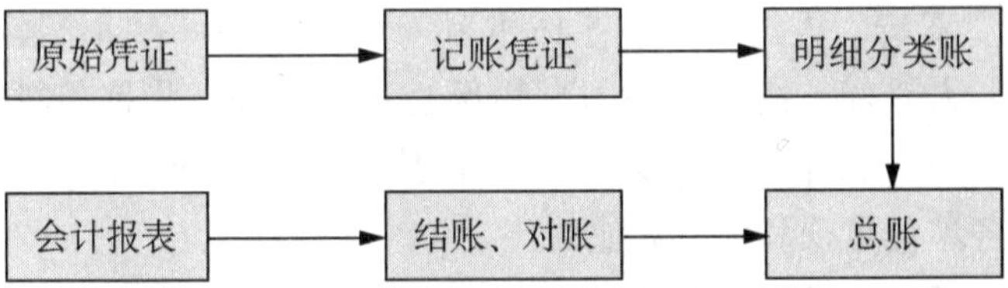

图 2－1　会计工作流程图

第二节　在其位，谋其政——会计岗位设置

一、设置会计工作岗位的原则

会计工作岗位，是对一个单位的会计工作进行具体分工而设置的各个职能岗位。在会计机构内部设置会计工作岗位，建立岗位责任制，有利于明确分工和合理划分各个岗位的职责；有利于会计人员精通会计业务，提高工作效率和质量；有利于加强会计工作的程序化和规范化，加强会计基础工作；有利于强化会计管理职能，提高会计工作的作用。同时，设置会计工作岗位也是合理配备会计人员的客观依据之一，会计人员的配备数量，同单位的大小、业务的多寡、资产的规模、经营管理的要求、核算的组织形式以及采用什么样的核算手段等，都有密切的关系。

《会计基础工作规范》对会计工作岗位的设置规定了基本原则，提出了示范性的要求。

1. 根据本单位会计业务的需要

《会计基础工作规范》第十一条规定：“各单位应当根据会计业务需要设置会计工作岗位。”由于各单位所属行业的性质、自身的规模、业务内容和数量以及会计核算与管理的要求等不同，会计工作岗位的设置条件和要求也不相同。在设置会计工作岗位时，必须结合单位的实际情况，有的分设、有的合并、有的不设，以满足会计业务需要为原则。

2. 符合内部牵制制度的要求

《会计基础工作规范》第十二条规定：“会计工作岗位，可以一人一岗、一人多岗或者一岗多人。但出纳人员不得兼管稽核、会计档案保管和收入、费用、债权债务账目的登记工作。”从近几年税收、财务、物价大检查、审计和会计工作秩序整顿中暴露出来的问题看，不少单位在会计工作岗位设置上存在岗位职责不清、人浮于事、手续混乱等问题；在一些小型经济组织中，会计、出纳一人兼任，或者出纳与财物保管一人兼任，为徇私舞弊或贪污挪用等违法乱纪行为留下了可乘之机，隐患甚大，造成损失的也已不在少数，这是很值得各单位重视和引以为戒的。

3. 有利于会计人员全面熟悉业务，不断提高业务素质

《会计基础工作规范》第十三条规定：“会计人员的工作岗位应当有计划地进行轮换。”把轮岗列入会计工作岗位设置的原则是《会计基础工作规范》的一个创新，这样做不仅可以激励会计人员不断进取，改进工作，而且也在一定程度上有助于防止违法乱纪，保护会计人员。

4. 有利于建立岗位责任制

《会计基础工作规范》第十一条还示范性地提出了会计工作岗位的设置方案，即：“会计机构负责人或者会计主管人员、出纳、财产物资核算、工资核算、成本费用核算、财务成果核算、资金核算、往来结算、总账报表、稽核、档案管理等。”这种设置方法，基本上包括了会计业务的主要内容和主要方面，为建立岗位责任制提供了比较完整的基础，是单位在具体制订会计工作岗位设置方案时比较理想的参考方案。

二、怎样设置会计岗位

细致划分会计人员的工作岗位并明确各自的具体职责，有助于分工明确，各负其责，保证工作的良性运行。会计人员的工作岗位一般可分为：

（1）会计主管；

（2）出纳；

（3）资金管理；

（4）预算管理；

（5）固定资产核算；

（6）存货核算；

（7）成本核算；

（8）工资核算；

（9）往来结算；

（10）收入利润核算；

（11）税务会计；

（12）总账报表；

（13）稽核；

（14）会计电算化管理；

（15）档案管理等。

这些岗位可以一人一岗、一人多岗或一岗多人，各单位可以根据本单位的会计业务量和会计人员配备的实际情况具体确定。需要注意的是，为贯彻内部会计控制中的“账、钱、物分管”的原则，出纳人员不得兼管稽核、会计档案保管及收入、费用、债权债务账目的登记工作。对于企业的会计人员，应有计划地进行岗位轮换，以便会计人员能够比较全面地了解和熟悉各项会计工作，提高业务水平。会计人员调动工作或因故离职离岗，要将其经管的会计账目、款项和未了事项向接办人员移交清楚，并由其上级主管人员负责监交。

三、各个会计岗位的具体职责

各个会计岗位的具体职责见表2－1。

表2－1　会计岗位的具体职责

岗位	具体职责
会计主管	（1）按照会计制度及有关规定，结合本单位的具体情况，主持起草本单位具体的会计制度及实施办法，科学地组织会计工作，并领导、督促会计人员贯彻执行； （2）参与经营决策，主持制定和考核财务预算； （3）经常研究工作，总结经验，不断改进和完善会计工作； （4）组织本单位会计人员学习业务知识，提高会计人员的素质，考核会计人员的能力，合理调配会计人员的工作
出纳岗位	（1）严格按照本单位的《货币资金内部会计控制实施办法》的规定，对原始凭证进行复核，办理款项收付； （2）办理银行结算，规范使用支票； （3）认真登记日记账，保证日清月结，及时查询未达账项； （4）保管库存现金和有关印章，登记注销支票； （5）审核收入凭证，及时办理销售款项的结算，督促有关部门催收销售货款

（续表）

岗位	具体职责
资金管理岗位	（1）反映资金预算的执行及控制状况； （2）筹措及调度资金； （3）办理借、贷款事项及其清偿； （4）办理投资业务； （5）记录、保管各种有价证券； （6）与财务调度有关的其他事项
预算管理岗位	（1）编制各期资金预算； （2）编制及考核生产预算； （3）编制及控制成本费用预算； （4）编制及分析销售预算； （5）编制及执行资本预算； （6）处理其他与预算有关的事项
固定资产核算岗位	（1）会同有关部门拟订固定资产管理与核算的实施办法； （2）参与核定固定资产需用量，参与编制固定资产更新改造和大修理计划； （3）计算提取固定资产折旧、预提修理费用； （4）参与固定资产的清查盘点与报废； （5）分析固定资产的使用效果
存货核算岗位	（1）会同有关部门拟定材料物资管理与核算实施办法； （2）审查采购计划，控制采购成本，防止盲目采购； （3）负责存货明细核算，对已验收入库尚未付款的材料，月终要估价入账； （4）配合有关部门制定材料消耗定额，编制材料计划成本目录； （5）参与库存盘点，处理清查账务； （6）分析储备情况，防止呆滞积压，对于超过正常储备和长期呆滞积压的存货，要分析原因，提出处理意见和建议，督促有关部门处理
成本核算岗位	（1）核对各项原材料、物品、产成品、在产品入库领用事项及收付金额； （2）编制材料领用转账凭证； （3）审核委托及受托外单位加工事项； （4）计算生产与销售成本及各项费用； （5）进行成本、费用的分配及账目之间调整； （6）分析比较销售成本，做好成本日常控制； （7）进行内部成本核算及业绩考核； （8）编制公司有关成本报表； （9）其他与成本核算、分析、控制有关的事项

（续表）

岗位	具体职责
工资核算岗位	（1）审核有关工资的原始单据，办理代扣款项（包括计算个人所得税、住房公基金、劳保基金、失业保险金等）； （2）按照人事部门提供的工资分配表，填制记账凭证； （3）协助出纳人员发放工资，工资发放完毕后，要及时将工资和奖金计算明细表附在记账凭证后或单独装订成册，并注明记账凭证编号，妥善保管； （4）计提应付福利费和工会经费，并进行账务处理
往来结算岗位	（1）执行往来结算清算办法，防止坏账损失，对购销业务以外的暂收、暂付、应收、应付、备用金等债权债务及往来款项，要严格清算手续，加强管理，及时清算； （2）办理往来款项的结算业务，对购销业务以外的各种应收、暂付款项要及时催收结算；应付、暂收款项要抓紧清偿；对确实无法收回（或支付）的应收（或应付）账款，应查明原因，按规定报经批准后处理；实行备用金制度的公司，要核定备用金定额，及时办理领用和报销手续，加强管理；对预借的差旅费，要督促及时办理报销手续，收回余额，不得拖欠，不准挪用； （3）负责往来结算的明细核算，对购销业务以外的各项往来款项，要按照单位和个人分户设置明细账，根据审核后的记账凭证逐笔登记，并经常核对余额；年终要抄列清单，并向领导或有关部门报告
收入利润核算岗位	（1）负责销售核算，核实销售往来，根据销货发票等有关凭证，正确计算销售收入以及劳务等其他各项收入，按照国家有关规定计算税金；经常核对库存商品的账面余额和实际库存数，核对销货往来明细账，做到账实相符，账账相符； （2）计算与分析利润计划的完成情况，督促实现目标； （3）建立投资台账，按期计算收益； （4）结转收入、成本与费用，严格审查营业外支出，正确核算利润，对公司所得税有影响的项目，应注意调整应纳税所得额； （5）按规定计算利润和利润分配，计算应交所得税； （6）结账时的调整业务处理； （7）编制利润报表，分析盈亏原因
税务会计岗位	（1）办理公司税务上的缴纳、查对、复核等事项； （2）办理有关的免税申请及退税冲账等事项； （3）办理税务登记及变更等有关事项； （4）编制有关的税务报表及相关分析报告； （5）办理其他与税务有关的事项

（续表）

岗位	具体职责
总账报表岗位	（1）负责保管总账和明细账，年底按会计档案的要求整理与装订总账及明细账； （2）编制会计报表并进行分析，写出综合分析报告； （3）其他与账务处理有关的事项
稽核岗位	（1）审查财务收支，根据财务收支计划和财务会计制度，逐笔审核各项收支，对计划外或不符合规定的收支，应提出意见，并向领导汇报，采取措施，进行处理； （2）复核各种记账凭证，复核凭证是否合法，内容是否真实，手续是否完备，数字是否正确，记账分录是否符合制度规定； （3）对账簿记录进行抽查，看其是否符合要求，并将计算机中的数据与会计凭证进行核对； （4）复核各种会计报表是否符合制度规定的编报要求，复核中发现问题和差错，应通知有关人员查明、更正和处理，稽核人员要对审核签署的凭证、账簿和报表负责
会计电算化管理岗位	（1）负责协调计算机及会计软件系统的运行工作； （2）掌握计算机的性能和财务软件的特点，负责财务软件的升级与开发； （3）对计算机的文件进行日常整理，对财务数据盘进行备份，妥善保管； （4）监督计算机及会计软件系统的运行，防止利用计算机进行舞弊； （5）经常进行查杀病毒工作，保证计算机的正常使用
档案管理岗位	依据《会计档案管理办法》的规定，建立会计档案的立卷、归档、保管、查阅和销毁等管理制度，保证会计档案妥善保管，有序存放，方便查阅，严防毁损、散失和泄密

第三章

制单——会计凭证

内容概览

在会计实务工作中，你是否常听见“制单”这样的行话？对此，你了解其中的内涵吗？“制单”即填制记账凭证，是由会计人员根据原始凭证，按照经济业务的发生分类，据以确定会计分录后登入记账凭证，并送达下一级审核，最终成为登记账簿的依据。

填制记账凭证是会计流程中非常重要的一环，因此，我们应该对此有个通透的了解。为下一章的账簿知识的学习做好铺垫。

第一节　凭证透析——会计凭证的概念及种类

一、会计凭证的概念

会计凭证，简称凭证，是记录经济业务、明确经济责任并作为登记账簿依据的书面证明。会计凭证有许多种，除了购货发票单外，像发出商品的发货单、材料入库的入库单等也称为会计凭证。

会计凭证首先要由执行该项经济业务的有关人员填制或取得，然后交给有关部门进行审核，经过审核确认无误，再由审核人员签章后，才可以作为记账的依据。

二、会计凭证的种类

企事业单位所使用的会计凭证种类繁多，其用途、性质、格式等因业务需要而具有多样性。会计凭证按其填制程序和用途进行分类，可分为原始凭证和记账凭证两大类，会计凭证的分类如图3－1所示。

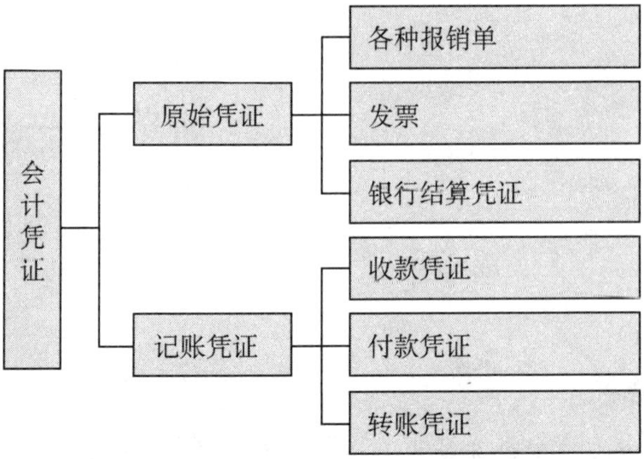

图3－1　会计凭证的分类示意图

原始凭证是在经济业务发生或完成以后取得或填制的，用以明确经济责任，载明经济业务的具体内容和完成情况的书面证明，是进行会计核算的原始资料和重要依据。例如，各种报销单、发票、银行结算凭证等都是原始凭证。

记账凭证是指会计人员根据审核无误的原始凭证或原始凭证汇总表，按记账的要求归类整理而编制的会计凭证，是登记账簿的直接依据。像各种收款凭证、付款凭证、转账凭证等都属于记账凭证。

三、会计凭证的书写要求

正确书写会计凭证是会计凭证易于辨认并合法有效的重要前提。《会计基础工作规范》第五十二条规定："填制会计凭证，字迹必须清晰、工整"，这不但便于辨认，也有助于防止篡改。此外，填制会计凭证时还应当严格遵守以下具体规定。

1. 阿拉伯数字的书写要求

阿拉伯数字应当一个一个地写，不得连笔写。特别在要连着写几个"0"时，一定要单个地写，不能连在一起一笔写完。数字的排列要整齐，数字间的空隙应均匀，不宜过大。

根据习惯，阿拉伯数字在书写时应有一定的斜度，一般以数字的中心线与底平线保持60度夹角为宜，数字的高度一般占凭证横格高度的1/2。书写时还要注意紧靠横格底线，使上方能留出一定空位，以便更正。

2. 货币符号的书写要求

阿拉伯数字前面应当书写货币币种符号或者货币名称简写和币种符号。币种符号与阿拉伯数字之间不得留有空白。凡阿拉伯数字前写有币种符号的，数字后面不再写货币单位；所有以元为单位（其他货币种类为货币基本单位）的阿拉伯数字，除表示单价等情况外，一律填写到角分；无角分的，角位和分位可写“00”，或者符号“—”；有角无分的，分位应当写“0”，不得用符号“—”代替。

3. 汉字大写数字的书写要求

（1）大写数字的书写。汉字大写数字金额如零、壹、贰、叁、肆、伍、陆、柒、捌、玖、拾、佰、仟、万、亿等，一律用正楷或者行书体书写，不得用〇、一、二、三、四、五、六、七、八、九、十等简化字代替，不得任意自造简化字。大写金额数字的规范书写见表3-1。

表3-1 大写金额数字的规范书写

正楷	壹 贰 叁 肆 伍 陆 柒 捌 玖 拾 佰 仟 万 亿 零 整 元 角 分
行书	壹 贰 叁 肆 伍 陆 柒 捌 玖 拾 佰 仟 万 亿 零 整 元 角 分

大写金额数字到元或者角为止的，在“元”或者“角”字之后应当写“整”或“正”字；大写金额数字有分的，分字后面不写“整”或“正”字。例如，¥35 680元，大写金额数字应为“人民币叁万伍仟陆佰捌拾元整”或“人民币叁万伍仟陆佰捌拾元正”；又如，¥471.90元，大写金额数字应为“人民币肆佰柒拾壹元玖角整”或“人民币肆佰柒拾壹元玖角正”；再如，¥2 308.66元，大写金额数字应为“人民币贰仟叁佰零捌元陆角陆分”。

（2）货币名称的书写。大写金额数字前未印有货币名称的，应当加填货币名称，货币名称与金额数字之间不得留有空白。如¥186 497元，应当写成“人民币壹拾捌万陆仟肆佰玖拾柒元整”，不能分开写成“人民币 壹拾捌万陆仟肆佰玖拾柒元整”。

（3）“零”字的写法。阿拉伯金额数字中间有“0”时，汉字大写金额要写“零”字。如¥101.5元，汉字大写金额应写成“人民币壹佰零壹元伍角整”。阿拉伯金额数字中间连续有几个“0”时，汉字大写金额中可以只写一个“零”字。如¥1 004.56元，汉字大写金额应写成“人民币壹仟零肆元伍角陆分”。阿拉伯金额数字元位为“0”，或数字中间连续有几个“0”，元位也是“0”，但角位不是“0”时，汉字大写金额可只写一个“零”字，也可不写“零”字。如¥1 680.32元，汉字大写应写成“人民币壹仟陆佰捌拾元叁角贰分”。又如¥1 600.32元，汉字大写应写成“人民币壹仟陆佰元叁角贰分”，或“人民币壹仟陆佰元零叁角贰分”。

第二节　最初的证据——原始凭证的编制和审核

一、什么是原始凭证

原始凭证，又称原始单据，是在经济业务发生或完成时直接取得或填制的，用以记录、证明经济业务已经发生或完成的书面凭证，是进行会计核算的原始资料。在实际工作中，原始凭证有些是从外单位取得的，有些是本单位自制的。原始凭证记载着大量的经济信息，又是证明经济业务发生的初始文件，与记账凭证相比较，具有较强的法律效力，所以它是一种很重要的凭证。

二、原始凭证的类别

1. 原始凭证按照来源不同，分为外来原始凭证和自制原始凭证

（1）外来原始凭证，是指在经济业务发生或完成时，从其他单位或个人直接取得的原始凭证，如购买货物取得的增值税专用发票、对外单位支付款项时取得的收据、职工出差取得的飞机票、火车票等。

（2）自制原始凭证，是指由本单位内部经办业务的部门和人员，在执行或完成某项经济业务时填制的、仅供本单位内部使用的原始凭证，如收料单、领料单、限额领料单、产品入库单、产品出库单、借款单、工资发放明细表、折旧计算表等。

2. 原始凭证按照填制手续及内容不同，分为一次凭证、累计凭证和汇总凭证

（1）一次凭证，是指一次填制完成、只记录一笔经济业务的原始凭证，如收据、领料单、收料单、发货票、借款单、银行结算凭证等。一次性凭证是一次有效的凭证。

（2）累计凭证，是指在一定时期内多次记录发生的同类型经济业务的原始凭证。其特点是，在一张凭证内可以连续登记相同性质的经济业务，随时结出累计数及结余数，并按照费用限额进行费用控制，期末按实际发生额记账。累计凭证是多次有效的原始凭证。具有代表性的累计凭证是限额领料单。

（3）汇总凭证，是指对一定时期内反映经济业务内容相同的若干张原始凭证，按照一定标准综合填制的原始凭证。汇总原始凭证合并了同类型经济业务，简化了记账工作量。

常用的汇总原始凭证有：发出材料汇总表、工资结算汇总表、差旅费报销单等。

3. 原始凭证按照格式不同，分为通用凭证和专用凭证

（1）通用凭证，是指由有关部门统一印制、在一定范围内使用的具有统一格式和使用方法的原始凭证。通用凭证的使用范围，因制作部门不同而异。可以在某一地区、某一行业通用，也可以全国通用。如某省（市）印制的发货票、收据等，在该省（市）通用；由人民银行制作的银行转账结算凭证，在全国通用。

（2）专用凭证，是指由单位自行印制、仅在本单位内部使用的原始凭证。如领料单、差旅费报销单、折旧计算表、工资费用分配表等。

4. 原始凭证按照经济业务的类别不同，分为以下六类

（1）款项收付业务凭证，是指记录现金和银行存款收付增减等业务的原始凭证。这类凭证既有外来的，也有自制的，但多为一次性凭证，如现金借据、现金收据、领款单、零星购物发票、车（船、机）票、医药费单据、银行支票、付款委托书、托收承付结算凭证等。

（2）出、入库业务凭证，是指记录材料、产成品出、入库等情况的原始凭证。这类凭证可以是一次性凭证，也可以是累计凭证，如入库单、限额领料单、提货单等。

（3）成本费用凭证，是指记录产品生产费用的发生和分配情况的原始凭证。这类凭证大都是内部自制凭证，如工资单、工资费用汇总表、折旧费用分配表、制造费用分配表、产品成本计算单等。

（4）购销业务凭证，是指记录材料、物品采购或劳务供应、产成品（商品）或劳务销售情况的原始凭证，前者为外来的凭证，后者为自制的凭证，如提货单、发货单、交款单、运费单据等。

（5）固定资产业务凭证，是指记录固定资产购置、调拨、报废和盘盈、盘亏业务的原始凭证，如固定资产调拨单、固定资产移交清册、固定资产报废单和盘盈、盘亏报告单等。

（6）转账业务凭证，是指会计期间终了，为了结平收入和支出等账户，计算并结转成本、利润等，由会计人员根据会计账簿记录整理制作的原始凭证。这类凭证一般无固定格式，但需要注明制证人并由会计主管签章。

三、原始凭证的填制内容

原始凭证种类繁多，来源广泛，为了能够客观反映经济业务的发生或完成情况，表明经济业务的性质，明确有关单位和人员的经济责任等，《会计基础工作规范》第四十八条规定，原始凭证必须具备以下基本要素：

（1）凭证的名称；

（2）填制凭证的日期；

（3）填制凭证单位的名称或者填制人的姓名；

（4）经办人员的签名或盖章；

（5）接受凭证单位的名称；

（6）经济业务内容；

（7）经济业务的数量、单价和金额。

实际工作中，根据经营管理和特殊业务的需要，除上述基本内容外，可以增加必要的内容。对于不同单位经常发生的共同性经济业务，有关部门可以制定统一的凭证格式。如人民银行统一制定的银行转账结算凭证，标明了结算双方单位名称、账号等内容；铁道部统一制定的铁路运单，标明了发货单位、收货单位、提货方式等内容。

四、原始凭证的填制要求

1. 原始凭证填制的基本要求

（1）真实可靠。即如实填列经济业务内容，不弄虚作假，不涂改、挖补。

（2）内容完整。即应该填写的项目要逐项填写（接受凭证方应注意逐项验明），不可缺漏，尤其需要注意：年、月、日要按照填制原始凭证的实际日期填写；名称要写全，不能简化；品名或用途要填写明确，不许含糊不清；有关人员的签章必须齐全。

（3）填制及时。即每当一项经济业务发生或完成，都要立即填制原始凭证，不积压、不误时、不事后补制。

（4）书写清楚。即字迹端正、易于辨认，数字书写符合要求，文字工整，不草、不乱、不“造”；复写的凭证不串格、不串行、不模糊。

（5）顺序使用。即收付款项或实物的凭证要顺序或分类编号，在填制时按照编号的次序使用，跳号的凭证应加盖“作废”戳记，不得撕毁。

2. 原始凭证填制的附加要求

（1）从外单位取得的原始凭证必须盖有填制单位的公章；从个人取得的

原始凭证必须有填制人员的签名或盖章；自制原始凭证必须有经办部门负责人或其指定的人员的签名或盖章；对外开出的原始凭证，必须加盖本单位的公章。所谓“公章”应是具有法律效力和规定用途的印鉴，如业务公章、财务专用章、发票专用章、收款专用章、结算专用章等。

（2）凡填有大写和小写金额的原始凭证，大、小写的金额必须相符。

（3）购买实物的原始凭证，必须有验收证明。实物购入以后，要按照规定办理验收手续，会计人员通过有关原始凭证进行监督检查。需要入库的实物，必须填写入库验收单，由仓库保管人员按照采购计划或供货合同验证后，在入库验收单上如实填写实收数额，并签名或盖章。不需要入库的实物，由经办人员在凭证上签名或盖章以后，交由实物保管人员或使用人员进行验收，并由实物保管人员或使用人员在凭证上签名或盖章。经过购买人以外的第三者查证核实以后，会计人员才能据以报销付款并作进一步的会计处理。

（4）一式几联的原始凭证，必须注明各联的用途，并且只能以一联用作报销凭证；一式几联的发票和收据，必须用双面复写纸套写，或本身具备复写功能，并连续编号，作废时应加盖“作废”戳记，连同存根一起保存。

（5）发生销货退回及退还货款时，必须填制退货发票，附有退货验收证明和对方单位的收款收据，不得以退货发票代替收据。如果情况特殊，可先用银行的有关凭证，如汇款回单等，作为临时收据，待收到收款单位的收款证明以后，再将其附在原付款凭证之后，作为正式原始凭证。在实际工作中，有的单位发生销货退回时，对收到的退货没有验收证明，造成退货流失；办理退款时，仅以所开出的红字发票的副本作为本单位退款的原始凭证，既不经过对方单位盖章收讫，也不附对方单位的收款收据。这种做法容易发生舞弊行为，应该予以纠正。

（6）职工公出借款的收据，必须附在记账凭证之后。职工公出借款时，应由本人按照规定填制借款单，由所在单位领导或其指定的人员审核，并签名或盖章，然后办理借款。借款收据是此项借款业务的原始凭证，在收回借款时，应当另开收据或者退还借款收据的副本，不得退还原借款收据以免损害会计资料的完整性，使其中一项业务的会计处理失去依据。

（7）经上级有关部门批准的经济业务，应当将批准文件作为原始凭证附件。如果批准文件需要单独归档的，应当在凭证上注明批准机关名称、日期和文件字号。

（8）发现原始凭证有错误的，应当由开出单位重开或者更正，在更正处应当加盖开出单位的公章。

五、原始凭证的审核

1. 原始凭证审核的具体内容

（1）审核原始凭证的真实性。对原始凭证真实性的审核包括对凭证日期是否真实、业务内容是否真实、数据是否真实等内容的审查。对外来原始凭证，必须有填制单位公章和填制人员签章；对自制原始凭证，必须有经办部门和经办人员的签名或盖章。此外，对通用原始凭证，还应审核凭证本身的真实性，以防假冒。

（2）审核原始凭证的合法性。审核原始凭证所记录经济业务是否有违反国家法律法规的情况，是否履行了规定的凭证传递和审核程序，是否有贪污腐败等行为。

（3）审核原始凭证的合理性。审核原始凭证所记录经济业务是否符合企业生产经营活动的需要、是否符合有关的计划和预算等。

（4）审核原始凭证的完整性。审核原始凭证各项基本要素是否齐全，是否有漏项情况，日期是否完整，数字是否清晰，文字是否工整，有关人员签章是否齐全，凭证联次是否正确等。

（5）审核原始凭证的正确性。审核原始凭证各项金额的计算及填写是否正确，包括：阿拉伯数字分位填写，不得连写；小写金额前要标明“¥”字样，中间不能留有空位；大写金额前要加“人民币”字样，大写金额与小写金额要相符；凭证中有书写错误的，应采用正确的方法更正，不能采用涂改、刮擦、挖补等不正确方法。

（6）审核原始凭证的及时性。审查凭证的填制日期，尤其是支票、银行汇票、银行本票等时效性较强的原始凭证，更应仔细验证其签发日期。

2. 经审核原始凭证的处理

原始凭证的审核是一项十分重要、严肃的工作，经审核的原始凭证应根据不同情况分别处理：

（1）对于完全符合要求的原始凭证，应及时据以编制记账凭证入账。

（2）对于真实、合法、合理但内容不够完整、填写有错误的原始凭证，应退回给有关经办人员，由其负责将有关凭证补充完整、更正错误或重开后，再办理正式的会计手续。

（3）对于不真实、不合法的原始凭证，会计机构、会计人员有权不予接受，并向单位负责人报告。

六、几种常用原始凭证的填制

1. 收料单的填制

收料单是在外购的材料物资验收入库时填制的凭证，一般一式三联，一联由验收人员留底，一联交仓库保管人员据以登记明细账，一联连同发货票交财会部门办理结算。收料单如图 3－2 所示。

收料单

材料类别：　　　　　　年　月　日　　　　　　第　　号

供应单位	材料名称	编号	规格	单位	数量	单价	金额	合同数量
保管仓库号：			合计					
备注：								

仓库保管员：（签章）　　　　送货：（签章）　　　　仓库主管：（签章）

图 3－2　收料单

2. 领料单的填制

为了便于分类汇总，领料单要"一料一单"地填制，即一种原材料填写一张单据。领用原材料需经领料车间负责人批准后，方可填制领料单；车间负责人、领料人、仓库保管员和发料人均需在领料单中签章，无签章或签章不全的均属无效，不能作为记账的依据。领料单如图 3－3 所示。

领料单

凭证编号：

领料单位：

材料类别	材料编号	材料名称及规格	计量单位	数量		单价（元）	金额（元）
				请领	实发		

用途：　　　　　　年　月　日　　　　　　发料仓库：

仓库保管员：（签章）　　发料：（签章）　　车间负责人：（签章）　　领料：（签章）

图 3－3　领料单

3. 限额领料单的填制

限额领料单是一种一次开设、多次使用、领用限额已定的累计凭证。在有效期（最长 1 个月）内，只要领用数量累计不超过限额就可以连续使用。

每月开始以前，应由供应部门根据生产计划、材料消耗定额等有关资料，按照产品和材料分别填制限额领料单。在限额领料单中，要填明领料单位、材料用途、发料仓库、材料名称以及根据本月产品计划产量和材料消耗定额计算确定的全月领料限额等项目。限额领料单一般一式两联，经生产计划部门和供应部门负责人审核签章后，一联送交仓库据以发料，登记材料明细账；一联送交领料单位据以领料。限额领料单如图 3－4 所示。

限额领料单

领料单位：

用　　途：　　名　称：　　计划用量：

材料编号：　　规　格：　　消耗定额：

领用限额：　　单　价：　　计量单位：

年		请领		实发				
月	日	数量	领料单位负责人	数量	累计	限额结余	发料人	收料人
累计实发金额（大写）：								¥

供应部门负责人：（签章）　　生产计划部门负责人：（签章）　　仓库保管员：（签章）

图 3－4　限额领料单

4. 服务业发票的填制

服务业发票首先要写明接受服务的单位或个人名称全称，不能过于简略（如仅填写某公司，不写明是某市公司还是某县公司），如果是个人也可以只写“个人”字样。然后按凭证格式和内容逐项把服务的项目、金额等填列齐全。经办人的签章和单位的公章都要盖全。服务业发票如图 3－5 所示。

发票联　　NO. 000000000

年　　月　　日　　×地税（××××）第×版（3）

用户名称	
项目：	
合计金额	¥ ________

第二联　报销凭证

收款单位（盖章有效）：　　收款人：

图 3－5　服务业发票

5. 增值税专用发票的填制

增值税专用发票是一般纳税人于销售货物时开具的销货发票，一式三联，销货单位一联，购货单位两联。其中，销货单位的一联作会计机构的记账凭证；交购货单位的两联，一联作购货单位的结算凭证，一联为税款抵扣凭证。购货单位向一般纳税人购货，应取得增值税专用发票，因为只有专用增值税发票税款抵扣联登记的进项税才能在购货单位作为“进项税额”列账，销货单位也不会漏税，否则销货单位就会漏税，给国家带来损失。增值税专用发票如图 3－6 所示。

增值税专用发票　　No. ×××××××××

发票联

校验码：　　　　开票日期：　　　　年　月　日

<table>
<tr><td rowspan="4">购货单位</td><td>名　　称</td><td colspan="11"></td><td colspan="3" rowspan="4">密码区</td><td colspan="9"></td></tr>
<tr><td>纳税人识别号</td><td colspan="11"></td><td colspan="9"></td></tr>
<tr><td>地址、电话</td><td colspan="11"></td><td colspan="9"></td></tr>
<tr><td>开户行及账号</td><td colspan="11"></td><td colspan="9"></td></tr>
<tr><td colspan="2" rowspan="2">货物或应税劳务名称</td><td rowspan="2">单位</td><td rowspan="2">数量</td><td rowspan="2">单价</td><td colspan="10">金　　额</td><td rowspan="2">税率</td><td colspan="9">金　　额</td></tr>
<tr><td>千</td><td>百</td><td>十</td><td>万</td><td>千</td><td>百</td><td>十</td><td>元</td><td>角</td><td>分</td><td>百</td><td>十</td><td>万</td><td>千</td><td>百</td><td>十</td><td>元</td><td>角</td><td>分</td></tr>
<tr><td colspan="2"></td><td></td><td></td><td></td><td></td><td></td><td></td><td></td><td></td><td></td><td></td><td></td><td></td><td></td><td></td><td></td><td></td><td></td><td></td><td></td><td></td><td></td><td></td><td></td></tr>
<tr><td colspan="2"></td><td></td><td></td><td></td><td></td><td></td><td></td><td></td><td></td><td></td><td></td><td></td><td></td><td></td><td></td><td></td><td></td><td></td><td></td><td></td><td></td><td></td><td></td><td></td></tr>
<tr><td colspan="2"></td><td></td><td></td><td></td><td></td><td></td><td></td><td></td><td></td><td></td><td></td><td></td><td></td><td></td><td></td><td></td><td></td><td></td><td></td><td></td><td></td><td></td><td></td><td></td></tr>
<tr><td colspan="2">合计</td><td></td><td></td><td></td><td></td><td></td><td></td><td></td><td></td><td></td><td></td><td></td><td></td><td></td><td></td><td></td><td></td><td></td><td></td><td></td><td></td><td></td><td></td><td></td></tr>
<tr><td colspan="2">价税合计（大写）</td><td colspan="23">仟　佰　拾　万　仟　佰　拾　元　角　分　（小写）</td></tr>
<tr><td rowspan="4">销售单位</td><td>名　　称</td><td colspan="11"></td><td colspan="3" rowspan="4">备注</td><td colspan="9" rowspan="4"></td></tr>
<tr><td>纳税人识别号</td><td colspan="11"></td></tr>
<tr><td>地址、电话</td><td colspan="11"></td></tr>
<tr><td>开户行及账号</td><td colspan="11"></td></tr>
</table>

第一联：发票联　购买方核算采购成本和增值税进项税额的记账凭证

收款人：　　　复核：　　　开票人：　　　销货单位：

图 3－6　增值税专用发票

6. 发料凭证汇总表的填制

工业企业在生产过程中领用材料比较频繁，业务量大，同类凭证也较多。为了简化核算手续，需要编制发料凭证汇总表。编制时间根据业务量的大小确定，可5天、10天、15天或1个月汇总编制一次。汇总时，要根据实际成本计价。由于领用原材料和领用周转材料都是用同样的领料单，因此，应将周转材料领料单从中剔出，以单独对原材料领料单分堆汇总，编制发料凭证汇总表。发料凭证汇表见表3－2。

表3－2 发料凭证汇总表

年 月 日

耗用产品或部门	领料单张数	数量	单价		金额	
			实际价	计划价	实际价	计划价
A产品						
B产品						
C产品						
管理部门						
车间耗用						
其他部门						
合计						

7. 商品验收单的填制

商品验收单是商业企业购进商品验收入库的凭证。在商品到达企业后，业务部门应将发货票与经济合同进行核对，无误后再填制商品验收单，一式四联，交仓库或实物负责人验收商品。商品验收后，应在商品验收单上加盖收货戳记，然后分送业务、财会、统计等部门据以办理货款结算、记账和登记等手续。商品验收单见表3－3。

表3－3 商品验收单

供应商： 入库仓库： 入库时间： 年 月 日

序号	货物名称	品牌产地	规格型号	配置是否正确	数量是否正确	安装调试是否正常	是否有保修卡	是否收到发票	备注
1									
2									
3									
4									
5									
6									

验收部门（公章）： 验收人签字： 收货日期：

第三节 聚焦制单——记账凭证的填制与审核

一、记账凭证的概念

记账凭证是会计人员根据审核后的原始凭证进行归类、整理，并确定会计分录而编制的凭证，是直接凭以登记账簿的依据。记账凭证记载的是会计信息，从原始凭证到记账凭证是经济信息转换成会计信息的过程，是一种质的飞跃。填制和审核记账凭证是出纳工作的重要组成部分。填制记账凭证，通常叫做制单，财会部门应指定专人制单。

记账凭证要根据原始凭证所反映的经济业务，按规定的会计科目和复式记账方法，编成会计分录，以确保账簿记录的准确性。

二、记账凭证的种类

根据不同的分类标准可将记账凭证作不同的分类，如图 3－7 所示。

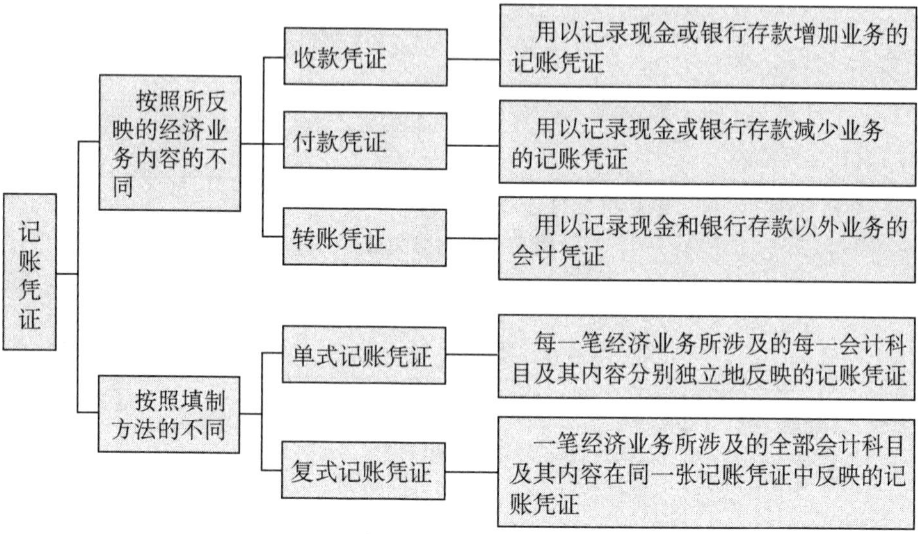

图 3－7 记账凭证的分类

收款凭证、付款凭证及转账凭证的格式如图 3－8、图 3－9 和图 3－10 所示。

收款凭证

借方科目：　　　　　　年　月　日　　　　　　收字第　　号

摘要	贷方科目		金额	记账
	总账科目	明细科目		
合计（大写）：				

会计主管：　　记账：　　审核：　　出纳：　　制单：

图 3－8　收款凭证

付款凭证

贷方科目：　　　　　　年　月　日　　　　　　付字第　　号

摘要	借方科目		金额	记账
	总账科目	明细科目		
合计（大写）：				

会计主管：　　记账：　　审核：　　出纳：　　制单：

图 3－9　付款凭证

转账凭证

年　月　日　　　　　　转字第　号

摘要	会计科目		借方金额	贷方金额	记账
	总账科目	明细科目			
合计（大写）：					

会计主管：　　记账：　　审核：　　出纳：　　制单：

图 3－10　转账凭证

此外，由于收款凭证、付款凭证、转账凭证的划分工作量较大，对于经济业务较简单、规模较小、收付款业务较少的单位，还可采用通用记账凭证来记录所有经济业务，这时，记账凭证不再区分收款、付款及转账业务，而将所有经济业务统一编号，在同一格式的凭证中进行记录。通用记账凭证的格式与转账凭证基本相同。

三、记账凭证的填制要求

填制记账凭证是会计核算的重要环节，填制正确与否，关系到记账的真实性。填制时，必须满足下列要求：

（1）确定采用何种记账凭证。首先，应确定采用哪种格式的记账凭证。若企业规模大、收付款业务多，宜选择采用专用凭证；若企业规模小、业务少，宜选择采用通用记账凭证。其次，若选择采用专用凭证，在接到原始凭证填制记账凭证时，还要具体确定填制收、付、转哪一种专用凭证。

（2）必须根据审核无误的原始凭证填制记账凭证。记账凭证可以根据一张或若干张反映同一经济业务的原始凭证填制，也可以把若干张同类经济业务的原始凭证进行汇总，根据汇总表填制。对于调整、结账以及更正错账，一般没有原始凭证，但填制记账凭证时要作较为具体的说明或附上自制的计算单。

（3）填写记账凭证的日期。填写日期一般是会计人员填制记账凭证的当天，也可以根据管理需要，填制经济业务发生的日期或月末日期。

（4）填好摘要。摘要一栏，填写该记账凭证反映的经济业务内容。填写的基本要求是真实准确、简明扼要。

（5）准确填写账户名称并正确反映借贷方向。

（6）金额栏数字的填写。记账凭证的金额必须与所附原始凭证的金额相符。填写金额时，阿拉伯数字要规范，写到格宽的二分之一，并平行对准借贷栏次和科目栏次，防止错栏串行。金额数字要写到分位，角分位没数字也要填上“00”，角分位的数字或零，要与元位的数字平行，不得上下错开。

（7）记账凭证的签章。记账凭证填制完成后，要由有关人员签名或盖章，以示负责。

（8）填写记账凭证的编号。记账凭证编号必须连续，不得跳号、重号。在具体编号时，可采用统一编号和分类编号两种方法。统一编号较适用通用凭证，即将全部凭证作为一类统一编号。分类编号较适用专用凭证，它又分为两种方式，一是分别现金收付、银行存款收付和转账业务三类，分别起头，连续编号。另一种是，按现金收入、现金支出、银行存款收入、银行存款支出和转账五类进行编号。

如果一笔经济业务需要填制两张以上复式记账凭证，可采用“分数编号法”编号。如第15号转账凭证的经济业务需填制3张记账凭证，可编转字第15－1/3号、转字第15－2/3号和转字第15－3/3号。

（9）过账符号栏。过账符号栏是在根据该记账凭证登记有关账簿以后，在该栏注明所记账簿的页数或划“√”，表示已登记入账，避免重记、漏记，在没有登账之前，该栏没有记录。

【例3－1】 2012年8月1日，某企业营销部职工李伟借差旅费500元，写借款单一张，如图3－11所示。

借款单

2012年8月1日　　　　借款单号：00001

借款原因：	去天津会见客户
借款金额（大写）	伍佰元整
预计还款日期：	2012年8月10日　　领款人签名：李伟
会计主管：王明　　部门批准：张亮	出纳：郭浩　　借款人：李伟

图3－11　借款单

据此，账务处理为：

借：其他应收款——李伟　　500

　　贷：库存现金　　500

据原始凭证填制付款凭证如图3－12所示。

付款凭证

贷方科目：库存现金　　2012年8月1日　　付字第1号

摘要	借方科目		金额	记账
	总账科目	明细科目		
营销部李伟借出差费用	其他应收款	李伟	500.00	
合计（大写）：	伍佰元整		¥500.00	

附单据1张

会计主管：何某　　记账：周某　　审核：吴某　　出纳：张某　　制单：李某

图3－12　付款凭证

【例3-2】 2012年8月7日，某企业购入海天设备厂一台不需要安装的机器设备，价款20 000元，税款3 400元，款项暂未支付。收到固定资产验收单一张，如图3-13所示。

固定资产验收清单

2012年8月7日 编号：091101

名称	规格型号	来源	数量	购价	使用年限	预计残值
机器设备		外购	1	20 000		
安装费：	月折旧率：		建造单位：		交工日期：	附件：
验收部门：设备科		验收人员：李某		管理部门：设备科		管理人员：张某
备注						

会计记录：李某 设备科审核：李某 制单：刘某

图3-13 固定资产验收清单

据此，账务处理为：

借：固定资产 20 000

应交税费——应交增值税（进项税额） 3 400

贷：应付账款——海天设备厂 23 400

据原始凭证填制记账凭证如图3-14所示。

转账凭证

2012年8月7日 转字第4号

摘要	会计科目		借方金额	贷方金额	记账
	总账科目	明细科目			
购买机器设备	固定资产		20 000.00		
	应交税费	应交增值税（进项税额）	3 400.00		
	应付账款	海天设备厂		23 400.00	
合计（大写）：	贰万叁仟肆佰元整		¥23 400.00	¥23 400.00	

附单据2张

会计主管：何某 记账：周某 审核：吴某 出纳：张某 制单：李某

图3-14 转账凭证

四、记账凭证的审核

为了保证会计信息的质量，在记账之前应由有关稽核人员对记账凭证进行严格的审核。其审核的内容主要是：

（1）内容是否真实。审核记账凭证是否有原始凭证为依据，所附原始凭证的内容与记账凭证的内容是否一致，记账凭证汇总表的内容与其所依据的记账凭证的内容是否一致等。

（2）项目是否齐全。审核记账凭证各项目的填写是否齐全，如日期、凭证编号、摘要、会计科目、金额、所附原始凭证张数及有关人员签章等。

（3）科目是否正确。审核记账凭证的应借、应贷科目是否正确，是否有明确的账户对应关系，所使用的会计科目是否符合国家统一的会计制度的规定等。

（4）金额是否正确。审核记账凭证所记录的金额与原始凭证的有关金额是否一致、计算是否正确，记账凭证汇总表的金额与记账凭证的金额合计是否相符等。

（5）书写是否正确。审核记账凭证中的记录是否文字工整、数字清晰，是否按规定进行更正等。

此外，出纳人员在办理收款或付款业务后，应在凭证上加盖“收讫”或“付讫”的戳记，以避免重收重付。

第四节　会计凭证的传递、装订和保管

一、会计凭证的传递

《会计基础工作规范》第五十四条规定：“各单位会计凭证的传递程序应当科学、合理，具体办法由各单位根据会计业务需要自行规定。”会计凭证的传递是否科学、严密、有效，对于加强企业内部管理、提高会计信息质量有着重要的影响。而企业生产组织的特点、经济业务的内容和管理要求的不同，会计凭证的传递也有所不同。

为此，企业应认真制定每一种凭证的传递程序和方法，在确定传递程序时，应该结合本单位的具体情况，如核算工作量的大小、机构及职责设置的繁简、会计内部分工及职能分割的粗细等。要反对无序传递，也要注意防止形式化。只做表面文章，对提高和保证会计核算的质量是不会有实际作用的。

例如，收料单的传递中应规定：材料到达企业后多长时间内验收入库，收料单由谁填制，一式几联，各联次的用途是什么，何时传递到会计部门，会计部门由谁负责收料单的审核工作，由谁据以编制记账凭证、登记账簿、整理归档等。

二、会计凭证的装订

凭证记账后，应及时装订。装订的范围包括：原始凭证、记账凭证、科目汇总表、银行对账单等。科目汇总表的工作底稿也可以装订在内，作为科目汇总表的附件。

装订前首先应将凭证进行整理。会计凭证的整理工作，主要是对凭证进行排序、粘贴和折叠。

对于纸张面积大于记账凭证的原始凭证，可按记账凭证的面积尺寸，先自右向后，再自下向后两次折叠。注意应把凭证的左上角或左侧面让出来，以便装订后，还可以展开查阅。

对于纸张面积过小的原始凭证，一般不能直接装订，可先按一定次序和类别排列，再粘在一张同记账凭证大小相同的白纸上，粘贴时以胶水为宜。小票应分张排列，同类同金额的单据尽量粘在一起，同时，在一旁注明张数和合计金额。如果是板状票证（如火车票），可以将票面票底轻轻撕开，厚纸板弃之不用。

对于纸张面积略小于记账凭证的原始凭证，可以用回形针或大头针别在记账凭证后面，待装订凭证时，抽去回形针或大头针。

有的原始凭证不仅面积大，而且数量多，可以单独装订，如工资单，耗料单。但在记账凭证上应注明保管地点。

原始凭证附在记账凭证后的顺序应与记账凭证所记载的内容顺序一致，不应按原始凭证的面积大小来排序。

经过整理后的会计凭证，为汇总装订打好了基础。

所有汇总装订好的会计凭证都要加具封面。会计凭证装订前，要先设计和选择会计凭证的封面。封面应用较为结实、耐磨、韧性较强的纸张等。一般的封面格式如图 3－15 所示。

×××有限责任公司		
××凭证		
年　月　日　　共　册		本册为第　　册
本册起止号码：自	号至	号
会计主管：	装订人：	

图 3－15　会计凭证的封面

装订就是将一札一札的会计凭证装订成册，从而方便保管和利用。装订之前，要设计一下，看一个月的记账凭证究竟订成几册为好。每册的厚薄应基本保持一致，不能把几张应属一份记账凭证附件的原始凭证拆开装订在两册之中，要做到既美观大方又便于翻阅。

一本凭证，厚度一般以 1.5～2.0 厘米为宜。过薄，不利于直立放置；过厚，不便于翻阅核查。凭证装订的各册，一般以月份为单位，每月订成一册或若干册。凭证少的单位，可以将若干个月份的凭证合并订成一册，在封皮注明本册所含的凭证月份。

由于原始凭证往往大于记账凭证，从而折叠过多，这样一本凭证就显得中间厚，装订线的位置薄，订出的一本凭证象条鱼一样。这时可以用一些纸折成许多三角形，均匀地垫在装订线的位置。这样装订出来的凭证就显得整齐了。

装订前，要以会计凭证的左上侧为准，放齐，准备好铁锥、装订机或小手电钻，还有线绳、铁夹、胶水、凭证封皮、包角纸等。

下面介绍一种角订法，如图 3－16 所示。

（1）将凭证封皮和封底裁开，分别附在凭证前面和后面，再拿一张质地相同的纸（可以再找一张凭证封皮，裁下一半用，另一半为订下一本凭证备用）放在封皮上角，做护角线。

（2）在凭证的左上角画一边长为 5 厘米的等腰三角形，用夹子夹住，用装订机在底线上分布均匀地打两个眼儿。

（3）用大针引线绳穿过两个眼儿，如果没有针，可以将回形别针顺直，然后两端折向同一个方向，折向时将线绳夹紧，即可把线引过来，因为一般装订机打出的眼儿是可以穿过的。

（4）在凭证的背面打结。线绳最好把凭证两端也系上。

（5）将护角向左上侧面折，并将一侧剪开至凭证的左上角，然后抹上胶水。

(6) 向上折叠，将侧面和背面的线绳扣粘死。

(7) 待晾干后，在凭证本的侧脊上面写上“某年某月第几册，共几册”的字样。装订人在装订线封签处签名或者盖章。现金凭证、银行凭证和转账凭证最好依次顺序编号，一个月从头编一次序号，如果单位的凭证少，可以全年顺序编号。

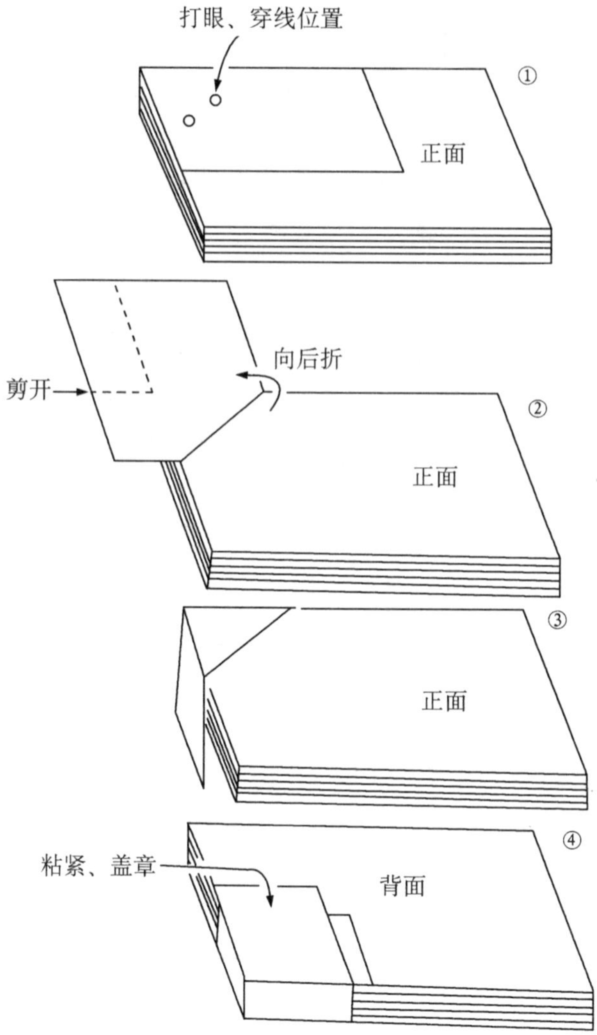

图 3－16　会计凭证的装订方法

目前，有的账簿商店有一种传票盒，将装订好的凭证装入盒中码放保管，显得整齐。

三、会计凭证的保管

会计凭证的保管，是指会计凭证登记账簿后的整理、装订和归档存查工作。会计凭证是记录经济业务、明确经济责任的书面证明文件，又是登记账簿的依据。它是重要的经济档案和经济资料，企业或有关部门可能因各种需要查阅会计凭证。对会计凭证的保管，既要保证其安全完整，又要便于调阅、查找和检查监督。会计凭证保管的主要方法和要求如下。

（1）会计凭证登记完毕后，应当按照分类和编号顺序保管，不得散乱丢失。

（2）每月记账完毕，要将本月各种记账凭证加以整理，检查有无缺号、附件是否齐全，再将记账凭证按类别和编号顺序连同所附的原始凭证，折叠整齐，加具封面、封底装订成册，并在装订线上加贴封签。

在已装订成册的会计凭证封面上，按规定注明：单位名称、年度、月份、凭证种类、起讫日期、起讫号码、有关人员的签章等。

如果在一个月内凭证的数量过多，可分装若干册，并在封面加注：本月共×册、本册是第×册。如果有些记账凭证所附的原始凭证数量过多或性质非常重要，也可单独装订保管，但应在其封面上注明所属记账凭证的种类、日期、编号，同时在原有关记账凭证上注明“附件另存”和原始凭证名称、编号，以便查考。

（3）装订成册的会计凭证要指定专门的会计人员保管，年度终了，则应移交财会档案室归档保管。未设立档案机构的，应当在会计机构内部指定专人保管，出纳人员不得兼管会计档案。需要查阅以前年度的会计凭证，须经会计主管同意，并履行一定手续才能取出查阅。

（4）会计凭证不得外借，其他单位如因特殊原因需要使用会计凭证时，经本单位会计机构负责人、会计主管人员批准，可以复制。查阅或者复制会计凭证的人员，严禁在会计凭证上涂画、拆封和抽换。

（5）会计凭证的保管期限，必须严格执行会计制度的有关规定，任何人无权随意销毁。保管期满的会计凭证，可按规定程序销毁，但保管期满而尚未结清的债权债务的原始凭证以及其他涉及未了事项的原始凭证，不得销毁，应当单独抽出立卷，保管到未了事项完成后为止。

第四章

会计账簿怎么填？——记账

内容概览

本章我们将进行凭证的下一个环节——登记账簿，登记账簿也是编制报表的前一个环节。如果说凭证是零散的、分散的证据的话，那么账簿就是根据不同的科目将其汇总起来，从而更加清晰、系统地为生成会计报表服务。

在学习账账簿知识的过程中，我们应该了解到日记账、分类账的设置与登记，登记与更改账簿的规则以及如何对账、查账、结账等。本章信息含量丰富，希望您能够沉浸其中，有所体会。

第一节　会计账簿的概念及种类

一、会计账簿的概念

会计账簿是按会计科目开设，以会计凭证为依据，由一定格式和相互联系的账页所组成，用来序时地、分类地、连续地记录和反映各项经济业务的簿籍。

《会计基础工作规范》第五十六条规定："会计账簿包括总账、明细账、日记账和其他辅助性账簿。"这是会计核算内在规律的要求。要使各种散乱、繁杂的经济业务信息或数据成为有用的会计信息，需要通过不同种类的会计账簿对一个单位的全部经济业务信息或数据进行连续的、相互衔接的分类、整理和加工。这些账簿构成会计信息形成过程中的各个环节，为整个过程能达到预定的目标提供了实现的手段。

二、会计账簿的种类

在会计账簿体系中，有各种不同功能和作用的账簿，它们各自独立、又相互补充。为了认识和运用会计账簿，可以从不同角度对其进行分类，如图4－1所示。

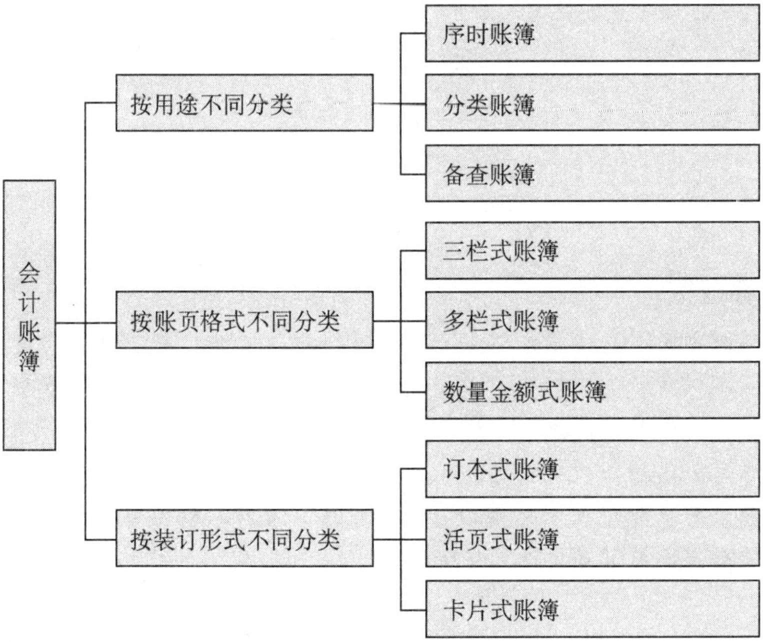

图4－1　会计账簿的分类

1. 按账簿的用途分类

（1）序时账簿。序时账簿也称日记账，是按各项经济业务发生时间的先后顺序，逐日逐笔连续登记经济业务的账簿。按其记录内容的不同，序时账簿又分为普通日记账和特种日记账。

普通日记账是指用来逐日逐笔记录全部经济业务的序时账簿。即把每天发生的各项经济业务逐日逐笔地登记在日记账中，并确定其会计分录，然后据以登记分类账。

特种日记账是指用来逐日逐笔记录某一类经济业务的序时账簿。目前，为加强对货币资金的监督和管理，特种日记账又分为现金日记账和银行存款日记账。

（2）分类账簿。分类账簿是对发生的全部经济业务按照总分类账户和明细分类账户进行分类登记的账簿。分类的依据是其反映内容的详细程度不同。

总分类账簿简称总账，是根据一级会计科目设置的，用以总括反映经济业务的账簿。总账对明细账具有统驭和控制作用。在实际工作中，每个会计主体应该设置一本总账，包括所需的所有会计账户。

明细分类账簿简称明细账，是根据明细会计科目设置的，用以详细反映经济业务的账簿。明细账是对总账的补充和具体化。在实际工作中，每个会计主体可以根据经营管理的需要，为不同的总账账户设置所属的明细账。

（3）备查账簿。备查账簿也称辅助账簿，是对某些序时账簿和分类账簿不作记载的或记录不全的经济业务进行补充登记的账簿。这种账簿可以对某些经济业务的内容提供必要的参考资料，但是它所记录的信息不编入会计报表中，所以也称表外记录，是各单位根据管理的需要自行设计与设置的。例如：租入固定资产登记簿、应收票据备查簿等。

2. 按账簿的账页格式分类

（1）三栏式账簿。三栏式账簿是指采用借方、贷方、余额三个主要栏目的账簿。一般是用于总账、现金日记账、银行存款日记账以及只需要反映价值指标的明细账。

（2）多栏式账簿。多栏式账簿是指在借方栏或贷方栏下设置多个栏目用以反映经济业务不同内容的账簿。如：生产成本明细账、制造费用明细账、管理费用明细账等。

（3）数量金额式账簿。数量金额式账簿是指在借、贷、余三栏下再设置数量、单价和金额栏的账簿，以便全面记录经济业务的数量和金额。一般适用于具有实物形态的财产物资的明细账，如原材料明细账等。

3. 按账簿的装订形式分类

（1）订本式账簿。订本式账簿简称订本账，是在账簿启用前，将账页按顺序编号并装订成册的账簿。其优点是可以防止账页的散失和非法抽换；缺点是账页固定，不便于分工记账，也不能根据记账的需要增减账页。总分类账、现金日记账和银行存款日记账必须使用订本账。

（2）活页式账簿。活页式账簿简称活页账，是指年度内账页不固定装订成册，而置于活页账夹中，可以根据需要随时增加或抽减账页的账簿。其优点是根据需要增添或重新排列账页，便于分工记账；缺点是账页容易丢失和被抽换。活页账在年度终了时，应及时装订成册，妥善保管。一般明细账多采用活页账。

（3）卡片式账簿。卡片式账簿简称卡片账，是指由若干具有相同格式的卡片作为账页组成的账簿。卡片账的卡片通常装在卡片箱内，不用装订成册，随时可取、可放、可移动，也可跨年度长期使用。卡片账使用方便，但容易丢失。一般情况下，固定资产的明细账采用卡片账。

第二节　日记账的设置与登记

一、普通日记账

普通日记账是用来序时地反映和逐笔记录全部经济业务的日记账。普通日记账也称分录簿，它由会计人员按照每天发生经济业务的先后顺序，确定应借应贷的会计科目，编制会计分录，逐笔记入普通日记账的相应栏目，作为记录分类账的依据。其格式和内容见表4－1。

表4－1　普通日记账

年		凭证		摘要	会计科目	金额		账页	过账符号
月	日	字	号			借方	贷方		

普通日记账的功能和作用只是把反映繁杂经济业务的每一张记账凭证的内容集中在一起，可以全面了解一个时期企业经济业务的全貌。但普通日记账不便于分工记录，也不能把各种经济业务进行分类反映，且根据普通日记账逐笔登记分类账的工作量很大。所以，许多单位并不设置这种普通日记账，而是直接根据记账凭证登记分类账，以减少重复工作。

二、特种日记账

特种日记账是将大量重复发生的同类经济业务，集中在一本日记账中进行登记的账簿。最常见的特种日记账是现金日记账和银行存款日记账，这是我国为加强对货币资金监督和管理要求企业必须设置的。

1. 现金日记账

（1）现金日记账的设置。

现金日记账是出纳人员根据现金收款凭证、现金付款凭证和银行付款凭证款（记录从银行提取现金业务），按经济业务发生时间的先后顺序进行登记的账簿。

现金日记账的账页格式又分为三栏式和多栏式。

三栏式现金日记账是指现金的收入、支出和结余同在一张账页上，用来逐日逐笔登记库存现金的增减变动情况的序时账。其格式及内容见表4－2。

表 4－2　现金日记账

年		凭证		摘要	对方科目	借方	贷方	借或贷	余额
月	日	字	号						

多栏式现金日记账是在三栏式日记账基础上发展起来的，将收入金额栏和支出金额栏，按对应科目各设若干专栏，是登记总账的直接依据。当实务发生频繁、业务种类繁多时，为避免账簿篇幅过大，可分别设置现金收入日记账和现金支出日记账，其格式及内容见表 4－3、表 4－4 和表 4－5。

表 4－3　现金日记账

第　页

年		凭证		摘要	收入栏				支出栏				结余
月	日	字	号		应贷科目			合计	应借科目			合计	

表 4－4　现金收入日记账

第　页

年		凭证		摘要	贷方科目	金额
月	日	字	号			

表4－5　现金支出日记账

第　页

年		凭证		摘要	借方科目	金额
月	日	字	号			

（2）现金日记账的登记。

三栏式现金日记账应由出纳人员根据审核后的现金收款凭证银行存款付款凭证，序时、逐项登记。登记时，应填明业务日期、凭证字号、摘要、对方科目、收入或支出金额。

日期栏：登记记账凭证的日期。

凭证栏：登记入账的收付款凭证的种类和编号。

摘要栏：简要说明登记入账的经济业务的内容。

对方科目栏：登记现金收入的来源科目、支出的用途科目。

借方、贷方、余额栏：每日的现金收付业务登记完毕后，应当结算出当日收入、支出合计数，并结出余额，做到“日清”。每日终了，应及时计算出当日的收入数、支出数和结余数，与库存现金实存数核对。每月末同样计算现金或银行存款各自的收入、支出合计数，并结出余额，通常称作“月结”。

多栏式现金日记账登记原理与三栏式现金日记账一样，两者的区别在于多栏式现金日记账现金收入和现金支出反映在两本账上。根据现金付款凭证登记现金支出日记账，将逐日结出的现金支出总数登记在支出合计栏内，同时将现金日记账上支出合计数转记到现金收入日记账上。根据现金收入凭证登记现金收入日记账，将逐日结出的现金收入总数登记在收入合计栏内，同时按“上期结存＋本期收入－本期支出＝本期结存”的计算公式，结出当天的结存余额，与现金实存数核对相符。

2. 银行存款日记账

（1）银行存款日记账的设置。

银行存款日记账是出纳人员根据银行收款凭证、银行付款凭证和现金付款凭证款，按经济业务发生的时间顺序，序时、逐项进行登记的账簿。

银行存款日记账必须采用订本式账簿，按账页格式亦可分为三栏式和多栏式，其基本结构与现金日记账类似。

三栏式银行存款日记账的格式见表 4－6。

表 4－6　银行存款日记账

年		凭证		摘要	现金支票号码	转账支票号码	借方	贷方	借或贷	余额
月	日	字	号							

同样，为避免多栏式银行存款日记账的篇幅过大，可将其划分为银行存款收入日记账和银行存款支出日记账，其格式和现金收入、支出日记账相同。

（2）银行存款日记账的登记。

银行存款日记账的登记方法同现金日记账大致相同，不再赘述。如果所记录的经济业务是以支票付款结算的，应填写相应的支票号码，以便与银行对账。

银行存款日记账是由出纳员根据审核无误的银行存款收、付款凭证和与银行存款有关的现金付款凭证逐日逐笔登记。每日的银行存款收付业务登记完毕后，应当结算出当日收入、支出合计数，并结出余额，做到“日清”。每月末同样计算银行存款的收入、支出合计数，并结出余额，通常称作“月结”。

银行存款日记账的每日结存余额，应定期与银行对账单核对相符，每月至少要核对一次，并通过编制银行存款余额调节表检查银行存款记录的正确性。如果一个单位按规定在银行开设了不同银行存款账户，则应分别设置银行存款日记账。

关于现金日记账和银行存款日记账登记方法的例题如例 4－1 和例 4－2 所示。

【例 4－1】　某企业 2012 年 8 月 1 日库存现金日记账余额为 5 000 元，银行存款日记账余额为 80 000 元。1 至 5 日发生的现金收支业务见表 4－7。

表 4－7　某企业 2012 年 8 月 1 日至 5 日现金收支业务汇总

经济业务	分录
1 日，开出发票，提取现金 2 000 元备用	借：库存现金　2 000 　贷：银行存款　2 000

（续表）

经济业务	分录
1日，职工李红交来欠款5 000元，收现金	借：库存现金 5 000 贷：其他应收款——李红 5 000
1日，职工李伟借支差旅费500元，付给现金	借：其他应收款——李伟 500 贷：库存现金 500
3日，将现金1 000元存入银行	借：银行存款 1 000 贷：库存现金 1 000
5日，开出支票，提取现金500元备用	借：库存现金 500 贷：银行存款 500

据上述现金收支业务，登记现金日记账，见表4－8。

表4－8 现金日记账

2012年		凭证		摘要	对方科目	借方	贷方	借或贷	余额
月	日	字	号						
8	1			月初余额				借	5 000
	1	记	1	提取现金	银行存款	2 000		借	7 000
	1	记	2	李红交欠款	其他应收款	5 000		借	12 000
	1	记	3	李伟借差旅费	其他应收款		500	借	11 500
	3	记	4	将现金存入银行	银行存款		1 000	借	10 500
	5	记	5	提取现金	银行存款	500		借	11 000

【例4－2】 接【例4－1】，对应的银行存款日记账的登记见表4－9。

表4－9 银行存款日记账

2012年		凭证		摘要	现金支票号码	转账支票号码	借方	贷方	借或贷	余额
月	日	字	号							
8	1			月初余额					借	80 000
	1	记	1	提取现金	略			2 000	借	78 000
	3	记	4	将现金存入银行	略		1 000		借	79 000
	5	记	5	提取现金	略			500	借	78 500

第三节　分类账簿的设置与登记

一、总分类账簿

总分类账簿简称总账，是按照会计制度中规定的一级会计科目开设的，分类汇总反映各种资产、负债和所有者权益以及收入、费用和成本总括情况的账簿。总分类账在全面、总括地反映全部经济业务的同时，又能为编制会计报表提供依据，因而，任何会计主体都要设置总分类账。

总分类账簿一般都采用订本账，在一本或几本账簿中将全部总分类账户按会计科目的编号顺序分设，因此对每个账户应事先按业务量的大小预留若干账页。

总账一般只进行货币量度的核算，因此总分类账多使用三栏式，在账页中设置借方、贷方和余额三个金额栏，其格式见表4－10。

表4－10　总分类账

会计科目：

年		凭证		摘要	对应科目	借方	贷方	借或贷	余额
月	日	字	号						

总分类账中的对应科目栏，可以设置也可以不设置。“借或贷”栏是指账户的余额是在借方还是在贷方。

由于采用的账务处理程序不同，总分类账的登记方法和登记程序也不一样。它可以直接根据记账凭证，按经济业务发生的时间顺序逐笔登记；也可以根据科目汇总表登记；还可以根据汇总记账凭证按期或分次汇总登记。

1. 根据记账凭证直接登记总账的方法

（1）将记账凭证的日期和编号记入相应账户的“年、月、日”栏和“凭证号数”栏。

（2）填写“摘要”栏，反映发生的经济业务。

（3）将应借、应贷的金额分别填入“借方”、“贷方”栏。

（4）每笔经济业务登记完毕后，结出余额，并判断余额在借方还是贷方，填写“借或贷”栏。

【例4－3】 某企业按记账凭证直接登记“原材料”总分类账，见表4－11。

表4－11 总分类账

账户名称：原材料　　　　第18页

2012年		凭证		摘要	借方	贷方	借或贷	余额
月	日	字	号					
8	1			期初余额			借	60 000
	7	转	1	领用材料		10 000	借	50 000
	7	转	1	领用材料		20 000	借	30 000
	16	转	2	购买材料	20 000		借	50 000
	18	付	4	购买材料	20 000		借	70 000
	31			本月合计	40 000	30 000	借	70 000

2. 根据科目汇总表登记总账的方法

（1）科目汇总表的编制。

科目汇总表核算形式是账务处理程序的一种，是通过定期（10天、半个月或1个月）编制科目汇总表汇总所有会计科目“借方”和“贷方”余额，并据此进行总账登记的账务处理程序。

编制科目汇总表时，应将汇总期内各经济业务所涉及的总账科目名称填列在科目汇总表内，通过“丁”字账工作底稿，将各科目的借贷发生额进行汇总，填列在科目汇总表中。

以“银行存款”科目为例，其“丁”字账工作底稿如图4－2所示。

借方　　　　银行存款　　　　贷方

借方	贷方
期初余额　50 400	
收　13 000	付　311 700
	付　22 000
……	……
本期发生额　59 300	本期发生额　74 100
期末余额　35 600	

图4－2 丁字账工作底稿

编制好所有科目的“丁”字账工作底稿后，把每个总账科目的借方发生额合计数和贷方发生额合计数，分别摘抄至科目汇总表对应科目的借方或贷方发生额中。依据“有借必有贷，借贷必相等”的原则编制的科目汇总表，全部科目的借方发生额合计数一定等于贷方发生额合计数。

然后注明本科目汇总表所汇总的记账凭证的起讫号数，并由制表、审核和会计主管履行职责后分别签章。科目汇总表的举例见表4－12。

表4－12　科目汇总表

2012年8月10日　　其中：收字01～31号

编制单位：××企业　　汇字1号　　付字01～72号

转字01～93号

科目名称	借方发生额	贷方发生额
银行存款	270 000	260 000
原材料	40 000	30 000
应收账款		120 000
库存现金	80 000	
生产成本	30 000	
短期借款	40 000	
应付账款	120 000	20 000
主营业务收入		250 000
主营业务成本	100 000	
合计	680 000	680 000

（2）依科目汇总表登记总分类账。

将科目汇总表的日期、编号计入相应账户账页的“年、月、日”栏和“凭证号数”栏，登记的日期应为汇总期间的最后一天，如按旬汇，则登记日期分别为10日、20日和30日。

填写“摘要”栏，并注明汇总期间，如写“1—10日发生额”。

把应借、应贷的金额计入该账户的“借方”或“贷方”栏。

每笔经济业务登记完毕后应结出余额，并判断余额是在借方还是在贷方，填写“借或贷”栏。

【例4－4】 某企业依科目汇总表登记“银行存款”总分类账，见表4－13。

表4－13 总分类账

账户名称：银行存款 第3页

2012年		记账凭证		摘要	借方	贷方	借或贷	余额
月	日	字	号					
8	1			期初余额			借	75 750
	10	科汇	1	1—10日发生额	270 000	260 000	借	85 750
	20	科汇	2	11—20日发生额	300 500	150 100	借	236 150
	31	科汇	3	21—31日发生额	170 000	310 000	借	96 150
	31			本月合计	740 500	720 100	借	96 150

3. 根据汇总记账凭证登记总账的方法

（1）将汇总记账凭证的日期和编号记入相应账户的“年、月、日”栏和“凭证号数”栏。

（2）依据汇总记账凭证的具体情况在“凭证字”栏，填写“科汇”，如记账凭证进行了“收款凭证”、“付款凭证”和“转账凭证”的分类，则应该分别填写“汇收”、“汇付”和“汇转”字样。

（3）“摘要”栏填写每一张汇总记账凭证的汇总依据，即“汇总第×号至第×号凭证”。

（4）将应借、应贷的金额分别填入“借方”、“贷方”栏。

（5）每笔经济业务登记完毕后，结出余额，并判断余额在借方还是贷方，填写“借或贷”栏。

无论采用何种方法进行总分类账登记，都必须把当月经济业务全部登记入总账，并在月份终了时结出各科目的本期借方发生额、贷方发生额及期末余额，同时与登记完毕的各所属明细账余额进行核对，账账核对一致后，总分类账便是编制会计报告的主要依据了。

二、明细分类账簿

明细分类账简称明细账，是根据经营管理的实际需要，按照某些一级会计科目所属的二级科目或明细科目，分类、连续地记录和反映有关资产、负债和所有者权益以及收入、费用和成本的增减变动等详细情况的账簿。

设置和运用明细分类账，能够详细地反映资金循环和收支的具体情况，有利于加强资金的管理和使用，并可为编制会计报表提供必要的资料。所以各会计主体在设置总分类账的基础上，还要根据经营管理的需要，设置若干必要的明细分类账，以形成既能提供经济活动的总括情况，又能提供具体详细情况的账簿体系。

明细分类账簿的通用格式有三种：三栏式明细分类账、多栏式明细分类账和数量金额式明细分类账。

1. 三栏式明细分类账

三栏式明细分类账的账页格式与三栏式总分类账相同，只设置借方、贷方和余额三个金额栏。它主要适用于只要求提供价值指标的账户，如短期投资、应收账款、长期投资、应付账款、实收资本等科目的明细核算。其账页格式见表4－14。

表4－14　应收账款明细账

购货单位名称：　　　　　　　　　　第　页

年		凭证		摘要	借方	贷方	借或贷	余额
月	日	字	号					

2. 数量金额式明细账

数量金额式明细账的账页格式是在收入、发出、结存三栏下，再分别设数量、单价和金额栏。它主要适用于既要提供价值指标，又要提供数量指标的账户，如原材料、库存商品等账户的明细分类账。其账页格式见表4－15。

表4－15　原材料明细账

货号：　　　　单位：　　　　存放地点：　　　　第　页

年		凭证		摘要	收入			发出			结存		
月	日	字	号		数量	单价	金额	数量	单价	金额	数量	单价	金额

3. 多栏式明细分类账

多栏式明细分类账是根据经营管理的需要和经济业务的特点，在一张账页的借方栏或贷方栏下设置若干专栏，集中记录某一总账科目所属的各明细科目的内容。它主要适用于涉及损益类科目的经济业务的明细核算，如生产成本、主营业务成本、销售费用、管理费用、营业外支出、主营业务收入、营业外收入、本年利润等账户的明细分类账。按明细分类账登记的经济业务不同，多栏式明细分类账又分为借方多栏、贷方多栏和借贷方均多栏三种格式。

（1）借方多栏式明细分类账。

借方多栏式明细分类账主要是为“材料采购”、“生产成本”、“制造费用”、“管理费用”和“营业外支出”等成本费用支出类科目的明细核算设置的，由于这类科目在会计期间内发生的经济业务主要应登记在该账户的借方，如发生冲减事项时应用红字在借方登记。月末，将借方发生额合计数从贷方一笔转出，计入有关账户。借方多栏式明细账的格式见表4－16。

表4－16　借方多栏式明细账

年		凭证		摘要	借方（项目）						贷方	余额
月	日	字	号							合计		

（2）贷方多栏式明细分类账。

贷方多栏式明细分类账主要是为“主营业务收入”“其他业务收入”和“营业外收入”等收入类科目的明细核算设置的，由于这类科目在会计期间内发生的经济业务主要应登记在该账户的贷方，如发生冲减有关收入事项应用红字在贷方登记。月末，将贷方发生额合计数从借方一笔转出，计入有关账户。贷方多栏式明细账的格式见表4－17。

表4－17　贷方多栏式明细账

年		凭证		摘要	借方	贷方（项目）						余额
月	日	字	号								合计	

（3）借方贷方多栏式明细分类账。

借方贷方多栏式明细分类账主要是为“本年利润”等财务成果类科目的明细核算设置的，这类科目在会计期间内既发生借方业务，也发生贷方业务。借方贷方多栏式明细分类账的格式见表4－18。

表4－18　借方贷方多栏式明细分类账

年		凭证		摘要	借方（项目）				贷方（项目）				借或贷	余额
月	日	字	号					合计				合计		

此外，为了适应固定资产、低值易耗品等明细核算的特殊要求，其明细分类核算的格式一般采用卡片式，具体格式可以自行设计。

明细分类账的登记，应根据会计主体业务量的大小、业务性质及管理要求选择不同的登记方法，可以直接根据原始凭证、原始凭证汇总表和记账凭证逐日逐笔登记或定期汇总登记。在月末将总分类账的余额与其所属的明细分类账的余额之和核对相符。有些会计科目，如经济业务内容单纯、发生次数较少，可以不设明细账。

三、总分类账与明细分类账的平行登记

总分类账与明细分类账的平行登记是对所发生的经济业务，都要以会计凭证为依据，一方面在有关的总分类账中进行登记，另一方面在该总分类账所属的各有关明细分类账中登记。平行登记既可以满足管理上对总括会计信息和详细会计信息的需求，又可以检验账户的完整性和正确性。采用平行登记的规则，应注意以下几点：

所谓平行登记是指对所发生的每项经济业务，都要以会计凭证为依据，一方面记入有关总分类账户，另一方面记入有关总分类账户所属明细分类账户的方法。平行登记既可以满足管理上对总括会计信息和详细会计信息的需求，又可以检验账户记录的完整性和正确性。其要点主要包括以下四个方面：

（1）依据相同。对发生的经济业务，都要以相同的会计凭证为依据，既登记有关总分类账户，又登记其所属明细分类账户。

（2）方向相同。将经济业务记入总分类账和明细分类账时，记账方向必须相同。即总分类账户记入借方，明细分类账户也记入借方；总分类账户记入贷方，明细分类账户也记入贷方。

（3）期间相同。对每项经济业务在记入总分类账户和明细分类账户过程中，可以有先有后，但必须在同一会计期间全部登记入账。这里的“同一期间”是指同属一个会计期间的账户，并不是指同一时点登账。因为明细账一般是根据记账凭证及其所附的原始凭证于平时登记，而总账因选择的账务处理程序不同，可能在平时登记，也可能定期登记，但登记总账与登记明细账

必须在同一会计期间内完成。

（4）金额相等。记入总分类账户的金额，应与记入其所属明细分类账户的金额合相等。这里包含以下含义：总分类账户本期发生额与其所属明细分类账户本期发生额之和相等；总分类账户期末余额与其所属明细分类账户期末余额之和相等。

【例4－5】 总分类账与明细分类账的平行登记应用实例

某企业2012年8月发生的经济业务如下：

（1）4日，向A企业购入甲材料1 000千克，单价17元，价款17 000元；购入乙材料2 500千克，单价9元，价款22 500元。货物已验收入库，款项39 500元尚未支付。（不考虑增值税，下同）

（2）8日，向B企业购入甲材料2 000千克，单价17元，价款34 000元，货物已验收入库，款未支付。

（3）13日，生产车间为生产产品领用材料，其中领用甲材料1 400千克，单价17元，价值23 800元；领用乙材料3 000千克，单价9元，价值27 000元。

（4）23日，向A企业偿还前欠货款20 000元，向B企业偿还前欠货款40 000元，用银行存款支付。

（5）26日，向A企业购入乙材料1 600千克，单价9元，价款14 400元已用银行存款支付，货物同时验收入库。

根据上述资料，登记总分类账和明细分类账，见表4－19、表4－20、表4－21和表4－22。（月初余额已知）

表4－19 应付账款总分类账户

总分类账户

会计科目：应付账款

2012年		凭证编号	摘要	借方	贷方	借或贷	余额
月	日						
8	1		月初余额			贷	43 000
	4	略	购入材料		39 500	贷	82 500
	8		购入材料		34 000	贷	116 500
	23		归还前欠货款	60 000		贷	56 500
	31		本月合计	60 000	73 500	贷	56 500

表 4－20　原材料总分类账户

总分类账户

会计科目：原材料

2012 年		凭证编号	摘要	借方	贷方	借或贷	余额
月	日						
8	1		月初余额			借	14 900
	4	略	购入材料	39 500		借	54 400
	8		购入材料	34 000		借	88 400
	13		生产领用材料		50 800	借	37 600
	26		购入材料	14 400		借	52 000
	31		合计	87 900	50 800	借	52 000

表 4－21　甲材料明细分类账户

原材料明细分类账

明细科目：甲材料　　数量单位：千克

2012 年		凭证编号	摘要	收入			发出			结存		
月	日			数量	单价	金额	数量	单价	金额	数量	单价	金额
8	1		月初余额							400	17	6 800
	4	略	购入材料	1 000	17	17 000				1 400	17	23 800
	8		购入材料	2 000	17	34 000				3 400	17	57 800
	13		领用材料				1 400	17	23 800	2 000	17	34 000
	31		合计	3 000	17	51 000	1 400	17	23 800	2 000	17	34 000

表 4－22　乙材料明细分类账户

原材料明细分类账

明细科目：乙材料　　数量单位：千克

2012 年		凭证编号	摘要	收入			发出			结存		
月	日			数量	单价	金额	数量	单价	金额	数量	单价	金额
8	1		月初余额							900	9	8 100
	4	略	购入材料	2 500	9	22 500				3 400	9	30 600
	13		领用材料				3 000	9	27 000	400	9	3 600
	26		购入材料	1 600	9	14 400				2 000	9	18 000
	31		合计	4 100	9	36 900	3 000	9	27 000	2 000	9	18 000

第四节　了解规则——登记及更改账簿的规则

一、登记账簿的规则

会计人员应根据审核无误的会计凭证及时地登记会计账簿。对于总账要按照各单位所选用的会计核算组织形式来确定登账的具体时间，而对于各种明细账，要根据原始凭证、原始凭证汇总表和记账凭证每天进行登记，也可以定期（三天或五天）登记。进行账簿登记，一般应满足以下要求：

（1）登记账簿必须用蓝黑色墨水笔书写，不许用铅笔或圆珠笔记账。这是因为，各种账簿归档保管时间一般都在 1 年以上，有些关系到重要经济资料的账簿，则要长期保管，因此要求账簿记录保持清晰、耐久，以便长期查核使用，防止涂改。

（2）登记会计账簿时，应当将会计凭证的日期、编号、业务内容摘要、金额和其他有关资料逐项记入账内。登记完毕后，记账人员要在记账凭证上签名或盖章，并注明已经登账的标记（如打√等），表示已经登记入账，以避免重记或漏记。

（3）各种账簿应按账户页次顺序连续登记，不得跳行、隔页。如果发生跳行、隔页现象，应在空行、空页处用红色墨水划对角线注销，注明“此页空白”或“此行空白”字样，并由记账人员签章。

（4）账簿中书写的文字或数字不能顶格书写，一般只应占格距的 1/2，以便留有改错的空间。

（5）记账除结账、改错、冲销记录外，不能用红色墨水。因为在会计工作中，红色数字表示对蓝色数字的冲销、冲减或表示负数。

（6）对于登错的记录，不得用刮擦、挖补、涂改或药水消除字迹等手段更正错误，也不允许重抄。应采用正确的错账更正规则进行更正。

（7）各账户在一张账页登记完毕结转下页时，应当结出本页合计数和余额，写在本页最后一行和下页第一行有关栏内，并在本页最后一行的“摘要”栏内注明“转次页”字样，在下一页第一行的“摘要”栏内注明“承前页”字样。对“转次页”的本页合计数如何计算，一般分三种情况：

① 需要结出本月发生额的账户，结计“转次页”的本页合计数应当为自本月初起至本页末止的发生额合计数，如采用“账结法”下的各损益类账户。

② 需要结计本年累计发生额的账户，结计“转次页”的本页合计数应当

为自年初起至本页末止的累计数，如“本年利润”账户和采用“表结法”下的各损益类账户。

③ 既不需要结计本月发生额也不需要结计本年累积发生额的账户，可以只将每页末的余额结转次页。如债权、债务结算类账户、“实收资本”等资本类账户和“原材料”等财产物资类账户。

二、错账的更正规则

在根据审核后的原始凭证和记账凭证进行账簿记录的过程中，由于种种原因，不可避免地会发生各种各样的错误。在通过以上方法查找出错账时，为了防止非法改账，应按规定的方法进行更正。更正错账的方法主要有以下三种。

1. 划线更正法

划线更正法，又称红线更正法。这种方法主要适用于：在每月结账前，发现账簿记录中的文字或数字有错误，而其所依据的记账凭证没有错误，即纯属记账时笔误或计算错误，应采用划线更正法进行更正。

划线更正法的具体操作方法是：将错误的文字或数字用一条红色横线予以注销，但必须使原有文字或数字清晰可认，以备查阅；然后，在划线文字或数字的上方用蓝字或黑字将正确的文字或数字填写在同一行的上方位置，并由更正人员在更正处签章，以明确责任。

采用这种方法更正错账时应注意：对于文字差错，只划去错误的文字，并相应地予以更正，而不必将全部文字划去；对于数字差错，应将错误的数额全部划去，而不能只划去错误数额中的个别数字。例如，将 1 354 误记为 1 345，应在 1 345 上划一条红线，而不能只划其中的 45，然后在 1 345 的上方填写正确的数字 1 354。

2. 红字更正法

红字更正法，又称红字冲销法。它是用红字冲销原有记录后再予以更正的方法，主要适用于以下两种情况。

第一，根据记账凭证记账以后，发现记账凭证中的应借、应贷会计科目或记账方向有错误，而账簿记录与记账凭证是相吻合的。其更正的方法是，首先用红字金额填制一张与原错误记账凭证内容完全一致的记账凭证，并据以用红字登记入账，以冲销原错误记录；然后，再用蓝字填制一张正确的记账凭证，并据以用蓝字登记入账。

第二，根据记账凭证记账以后，发现记账凭证中应借、应贷会计科目和记账方向都正确，但所记金额大于应记金额并据以登记账簿。其更正的方法是：将多记的金额用红字填制一张与原错误记账凭证的会计科目、记账方向相同的记账凭证，并据以用红字登记入账，以冲销多记金额，求得正确的金额。

采用红字更正法更正多记金额的错误记录时，不得以蓝字金额填制与原错误记账凭证记账方向相反的记账凭证去冲销原错误记录或错误金额，因为蓝字记账凭证反方向记录的会计分录反映某类经济业务，而不能反映更正错账的内容。例如，借记"库存现金"，贷记"其他应收款"，如用蓝字填制，则反映的是企业收取某职工的欠款的业务，并不反映对错误账簿记录的更正内容。

【例4-6】 红字更正法应用一：抵消错账，重做新账

某企业以银行存款支付2012年下半年的报刊杂志费2 000元，在编制记账凭证时误将应记入"银行存款"科目的金额误记入"库存现金"科目，并据以登记入账。

错误记账凭证所反映的会计分录为：

借：管理费用　　2 000

　　贷：库存现金　　2 000

正确的记账凭证应该贷记"银行存款"科目，在更正时，应用红字更正法作一笔与原来的错误分录一样的红字分录将原来的错账抵消掉（本书中，如无特殊的说明，用带框的数字表示红字记录）：

借：管理费用　　[2 000]

　　贷：库存现金　　[2 000]

在依据更正错账的记账凭证以红字金额记账后，表明已全部冲销原有错误记录，然后用蓝字或黑字填制如下正确分录，并据以登记入账：

借：管理费用　　2 000

　　贷：银行存款　　2 000

【例4-7】 红字更正法应用二：抵消多记金额

某企业生产产品领用材料5 000元，在填制记账凭证时，误记为50 000元，但会计科目、借贷方向均无错误，已登记账簿。

错误记账凭证所反映的会计分录为：

借：生产成本　　50 000

　　贷：原材料　　　　　　　　　　　　　　　　　　　　　　50 000

在更正时，只需要用红字金额45 000元编制如下记账凭证，抵消掉多记的金额即可：

借：生产成本　　　　　　　　　　　　　　　　　　　45 000

　　贷：原材料　　　　　　　　　　　　　　　　　　　　　　45 000

经红字更正后，账面即可反映其正确金额5 000元。

---

3. 补充登记法

补充登记法，也称蓝字补记法。这种方法主要适用于：根据记账凭证登记账簿后，记账凭证中应借、应贷会计科目和记账方向都正确，但所记金额小于应记金额并据以记账的情况。

采用补充登记法更正错误的具体更正方法是：将少记金额用蓝字填制一张与原错误记账凭证所记载的会计科目名称、借贷方向一致的新记账凭证，并用蓝字据以登记入账，以补记少记的金额。

【例4-8】　补充登记法应用

某企业开出金额为50 000元的转账支票一张用于购买卡车，填制记账凭证时，金额误记为5 000元，但会计科目、借贷方向没有错误。

错误的会计分录为：

借：固定资产　　　　　　　　　　　　　　　　　　　5 000

　　贷：银行存款　　　　　　　　　　　　　　　　　　　　　　5 000

在更正时，应用蓝字或黑字编制如下记账凭证进行更正：

借：固定资产　　　　　　　　　　　　　　　　　　　45 000

　　贷：银行存款　　　　　　　　　　　　　　　　　　　　　　45 000

经补充登记后，账面即可反映正确金额为50 000元。

以上是三种基本的错账更正方法，除此之外有两点需要补充：

1. 跨年错账的调整

如果发现以前年度记账凭证中有错误（指科目和金额），并导致账簿登记错误时，应当用蓝字填制一张更正的记账凭证，更正由此对利润产生的影响。

【例4-9】 某企业发现去年有一张管理费用支出凭证的金额本应是5 400元，记账时误记为4 500元，则导致利润增加900元，此时应作更正分录：

借：以前年度损益调整　　900

　　贷：库存现金（或其他科目）　　900

2. 滥用会计估计的更正

滥用会计政策、会计估计，是指企业在具体运用国家统一的会计制度所允许选用的会计政策以及会计估计时，未按照规定运用，从而不能恰当地反映企业的财务状况和经营成果。

滥用会计政策和估计的主要表现形式有：

（1）企业利用国家统一的会计政策和会计估计私自计提坏账准备，达到操纵利润的目的。

（2）企业随意调整费用的摊销期限，如有些企业任意调整无形资产的摊销期限。

（3）属于滥用会计政策和会计估计的其他情形，如随意调增或调减折旧年限等。

关于滥用会计政策、会计估计的判断，我国会计准则并没有具体规定，主要依赖于审计人员和会计人员的专业判断，一旦有确凿证据证明企业滥用会计政策、会计估计，应当作为重大会计差错处理，调整以前年度损益而非调整当年利润。

具体的说，如果影响损益，应将其对损益的影响数调增当期的期初留存收益，会计报表内其他相关的期初数也应一并调整；如果不影响损益，应调整跨期报表相关项目的期初数，并在会计报表附注中进行披露。

【例4-10】 有确凿证据表明公司在2010年度实施计提准备时，不恰当地运用了谨慎性原则，多计提坏账准备100万元。在2011年年末编制会计报表时，公司应作如下调增（假设所得税税率为25%，公司按净利润的10%提取盈余公积，按净利润的5%提取任意盈余公积）。

（1）分析错误后果。

由于2010年多计提坏账准备100万元，造成一下后果：

多计提管理费用100万元；

少计提所得税费用25万元；

少计提净利润75万元；

少提法定盈余公积7.5万元；

少提任意盈余公积3.75万元；

（2）更正错账分录。

借：坏账准备	1 000 000	
贷：以前年度损益调整		1 000 000
借：以前年度损益调整	250 000	
贷：应交税费		250 000
借：以前年度损益调整	750 000	
贷：利润分配——未分配利润		750 000
借：利润分配——未分配利润	112 500	
贷：盈余公积		112 500

（3）报表附注说明。

本年度发现2010年多计提坏账准备100万元，在编制2011年财务报表时，已对该差错进行了更正。由于2010年多计提坏账准备100万元，造成少计净利润75万元，少缴所得税25万元。

第五节　发现差错之旅——对账、查账与结账

期末账务处理工作，是会计循环的一个重要环节。对账就是定期或不定期地对各种账簿记录进行核对，以达到账证相符、账账相符、账实相符，保证账簿记录能够为编制会计报表提供真实可靠的数字资料；查账是指找寻在记账过程中发生的各种各样的记账差错，诸如重记、漏记、数字颠倒、数字错位、数字记错、科目记错、借贷方向记反（反向）等；结账就是把一定时期内（月份、季度、年度）应记入账簿的经济业务全部登记入账后，计算并记录各个账户的本期发生额及期末余额。在对账和结账的过程中，还会涉及到期末账项调整与结转等问题。

一、对账

对账，简单地说就是核对账目，亦即为了保证会计账簿记录的正确性，而进行的有关账项的核对工作。

1. 对账的内容

在会计工作中，由于种种原因，账簿记录难免发生错记、漏记的情况。因此，为了保证账簿记录的完整和正确，为编制会计报表提供真实可靠的数据资料，在记账之后，结账之前，必须做好对账工作，以保证账证相符、账账相符、账实相符和账表相符。

（1）账证核对。账证核对是指各种账簿记录与记账凭证及其所附原始凭证的核对。核对会计账簿记录与原始凭证、记账凭证的时间、凭证字号、内容、金额是否一致，记账方向是否相符。这种核对主要是在日常编制凭证和记账过程中进行，期末只作抽查。

（2）账账核对。账账核对是指核对各种会计账簿之间的账簿记录是否相符。主要包括以下几种。

① 总分类账的核对方法，一般是通过编制“总分类账户试算平衡表”进行核对。试算平衡表是根据总分类账户进行编制的，它的格式一般有三种：余额式、发生额式、发生额及余额式。即通过列示各账户期初、期末余额和本期发生额，看其借、贷方发生额及余额是否平衡。如核对结果不平，则说明记账有误，应查明更正。

【例4－11】 某企业根据各科目期末余额为基础，编制的试算平衡见表4－23。

表4－23 试算平衡表

账户名称	期初余额		本期发生额		期末余额	
	借方	贷方	借方	贷方	借方	贷方
现金	700		39 600	39 600	700	
银行存款	120 000			41 600	78 400	
原材料	300 000			58 000	242 000	
生产成本	180 000		105 540	141 224	144 316	
库存商品	200 000		141 224		341 224	
待摊费用	5 000			520	4 480	
固定资产	400 000				400 000	
累计折旧		85 000		19 000		104 000
短期借款		300 000				300 000

（续表）

账户名称	期初余额		本期发生额		期末余额	
	借方	贷方	借方	贷方	借方	贷方
应付票据		90 000				90 000
应付账款		150 000				150 000
预收账款		30 000				30 000
其他应付款		19 000				19 000
应付工资	200		39 600	39 600	200	
应交税金		1 500				1 500
应付利息		140 000				140 000
其他应交款		1 400				1 400
预提费用		2 600		400		3 000
长期借款		200 000				200 000
本年利润		186 400	13 980			172 420
制造费用			16 940	16 940		
管理费用			13 580	13 580		
财务费用			400	400		
合计	1 205 900	1 205 900	370 864	370 864	1 211 320	1 211 320

② 总分类账与现金日记账、银行存款日记账之间，可以直接进行核对。现金总账与现金日记账核对结果见表 4－24。

表 4－24　现金总账与现金日记账核对结果

会计账簿	期初余额		本期发生额		期末余额	
	借方	贷方	借方	贷方	借方	贷方
现金日记账	700		39 600	39 600	700	
现金总账	700		39 600	39 600	700	

银行存款总账与银行存款日记账核对结果见表 4－25。

表 4－25　银行存款总账与银行存款日记账核对结果

会计账簿	期初余额		本期发生额		期末余额	
	借方	贷方	借方	贷方	借方	贷方
银行存款日记账	120 000			41 600	78 400	
银行存款总账	120 000			41 600	78 400	

③ 总分类账与所属明细账的核对，一般有两种方法可供选择。一种是通过编制本期发生额及余额明细表或财产物资收、发、结存表与总分类账进行核对，如有不符，再查找原因；另一种是将总账所属的各明细账户余额的合计数与对应的总账余额相核对，看其是否相符。

原材料总账与原材料明细账核对结果见表 4－26。

表 4－26　原材料总账与原材料明细账核对结果

会计账簿		期初余额		本期发生额		期末余额	
		借方	贷方	借方	贷方	借方	贷方
原材料明细账	甲	300 000			41 600	78 400	
原材料总账		300 000			41 600	78 400	

生产成本总账与生产成本明细账核对结果见表 4－27。

表 4－27　生产成本总账与生产成本明细账核对结果

会计账簿		期初余额		本期发生额		期末余额	
		借方	贷方	借方	贷方	借方	贷方
生产成本	甲	26 924		45 976	53 760	19 140	
	乙	27 900		59 564	87 464	0	
	丙	125 176				125 176	
生产成本总账		180 000		105 540	141 224	144 316	

管理费用总账与管理费用明细账核对结果见表 4－28。

表 4-28 管理费用总账与管理费用明细账核对结果

会计账簿		期初余额		本期发生额		期末余额	
		借方	贷方	借方	贷方	借方	贷方
管理费用明细账	折旧费			8 000	8 000		
	工资费用			2 000	2 000		
	材料费用			2 400	2 400		
	分摊报刊费			320	320		
	其他			860	860		
管理费用总账				13 580	13 580		

④ 财产物资明细账与财产物资保管账的核对方法，一般是将明细账的数量直接与保管账的数量相核对，看其是否相符，如有不符，再进一步查找原因。

（3）账实核对。账实核对是指核对会计账簿记录与各种财产物资的实存数额是否相符。主要包括：

① 现金日记账账面余额与现金实际库存数额相核对，这需要每天进行。

② 银行存款日记账账面余额与开户银行账目相核对，这是定期进行的，一般每月核对一次。

③ 各种材料、物资明细分类账账面余额与材料、物资实存数额相核对。

④ 各种应收、应付账款明细分类账账面余额与有关债权、债务单位的账目相核对。

（4）账表核对。账表核对是指核对会计账簿记录与会计报表的有关内容是否相符。

2. 利用 Excel 表格和银行进行对账

在对账前，应首先加总累计银行存款余额，然后检查银行存款收支凭证的完整性，最后准备好上月银行存款余额调节表和空白的银行存款余额调节表、银行对账单等。

一切就绪后，把银行对账单导入 Excel，按需要整理好数据。按 Ctrl 键选定日期栏、支票号码栏、凭证号栏、借方发生额栏（单位支出）、贷方发生额栏（单位收入），依次点击：数据→筛选→自动筛选（本文所述“点击”、“选择”指左键单击），如此，选定栏都添了一个“三角符号”。

点击支票号码栏后的“三角符号”，选择“自定义”选项，弹出自定义筛选方式窗口，选择“包含”选项，输入支票号码后四位，点击确定后，会自动筛选出其对应的支票金额，然后在对应凭证号栏输入其记账凭证号；点击贷方发生额栏后的“三角符号”，会发现下面有许多数据，根据记账凭证的银行收款金额选定数据，然后在对应凭证号栏输入其凭证号；同理，点击日期栏选定其中任一时间，可以筛选出当日的全部银行存款收支。显然，支票号码栏是用于筛选银行支票发生额的，贷方发生额栏是筛选单位收入的，借方发生额栏是筛选单位支出的，而日期栏是按日期筛选单位收支的。

理解以上用法后，可以根据完整的银行存款记账凭证，灵活运用上述方法将凭证号输入对应的对账单发生额前的凭证号栏内。

【例4－12】 银行记账凭证有三笔业务都发生于2012年6月1日，现金支票（支票号码18224712）付款20 000元、财政拨款20 000元，购买支票120元。

利用Excel与银行对账的操作如下：

对于第一笔现金支票付款20 000元，点击支票号码后的三角符号，选择“自定义”选项，在弹出自定义筛选方式窗口中选“包含”然后输入支票号后4位（4712），点击确定，所有发生额随之消失，只剩下4712号支票发生额，在凭证号栏输入“1”。

需要说明的是，之所以只输入后四位，是因为输入后三位有可能筛选出两笔以上的发生额，而输入后五位或六位会加大工作量。

对于第二笔财政拨款20 000元，点击贷方发生额栏后的三角符号，选择20 000，将20 000元的业务筛选出，或点击日期栏后的三角符号，选6月1日，筛选出6月1日的银行业务。如果收支业务复杂可以综合运用上述两种方法，即在筛选出日期的基础上，再筛选出20 000元的贷方发生额，或在筛选出20 000元贷方额的基础上，再筛选出6月1日发生的20 000元贷方收入。

对于第三笔购买支票业务，可参照第二笔业务，在此不再详述。

这里，要强调几点注意事项：

（1）利用支票号码筛选时一定要选“包含”，因其最省时省力。

（2）在“方法”与“方法”转换前，一定要还原为全部业务（点击全部），否则，就只会形成在第一种方法的基础上再运用第二种方法的综合法。

（3）一定要有凭证号栏，每筛选一笔业务都要输入相应的凭证号，并根据相应的凭证号与银行进行对账。

（4）在完成检查并改正了错漏之后，再次点击凭证号，选择空白。这些空白的就是未达账项，把上期的未达账项剔除，剩下的就是本期的未达账项。

鉴于单位间的差异，在实际工作中不应对上述方法照搬照套，而应具体情况具体分析，在理解的基础上不断创新，不断发展。

二、查账

在记账过程中，可能发生各种各样的差错，产生错账，如重记、漏记、数字颠倒、数字错位、数字记错、科目记错、借贷方向记反（反向）等，从而影响会计信息的准确性，应及时找出差错，并予以更正。错账查找的方法主要有以下几种。

1. 差数法

差数法是指按照错账的差数查找错账的方法。例如，在记账过程中只登记了会计分录的借方或贷方，漏记了另一方，从而形成试算平衡中借方合计与贷方合计不等。其表现形式是：借方金额遗漏，会使该金额在贷方超出；贷方金额遗漏，会使该金额在借方超出。对于这样的差错，可由会计人员通过回忆和与相关金额的记账核对来查找。

2. 尾数法

对于发生的角、分的差错可以只查找小数部分。以提高查错的效率。

3. 除 2 法

除 2 法是指以差数除以 2 来查找错账的方法。当某个借方金额错记入贷方（或相反）时，出现错账的差数表现为错误的 2 倍，将此差数用 2 去除，得出的商即是反向的金额。例如，应记入“原材料——甲材料”科目借方的 4 000 元误记入贷方，则该明细科目的期末余额将小于其总分类科目期末余额 8 000 元，被 2 除的商 4 000 元即为借贷方向反向的金额。同理，如果借方总额大于贷方 600 元，即应查找有无 300 元的贷方金额误记入借方。如非此类错误，则应另寻差错的原因。

4. 除 9 法

除 9 法是指以差数除以 9 来查找错数的方法。适用于以下三种情况：

一是将数字写小。如将400写为40，错误数字小于正确数字9倍。查找的方法是：以差数除以9后得出的商即为写错的数字，商乘以10即为正确的数字。上例差数360（即400－40）除以9，商40即为错数，扩大10倍后即可得出正确的数字400。

二是将数字写大，如将50写为500，错误数字大于正确数字9倍，查找的方法是：以差数除以9后得出的商为正确的数字，商乘以10后所得的积为错误数字。上例差数450（即500－50）除以9后，所得的商50为正确数字，50乘以10（即500）为错误数字。

三是邻数颠倒。如将78写为87，将96写为69，将36写为63等。颠倒的两个数字之差最小为1，最大为8（即9－1）。查找的方法是：将差数除以9，得出的商连续加11，直到找出颠倒的数字为止。如将78记为87，其基数为9。查找此错误的方法是，将差数除9得1，连加11后可能的结果为12、23、34、45、56、67、78、89。当发现账簿记录中出现上述数字（本例为78）时，则有可能正是颠倒的数字。

三、结账

结账是指按照规定把一定时期（月份、季度、年度）内所发生的经济业务登记入账，并将各种账簿结算清楚，计算出每个账户的本期发生额合计数和期末余额，以便进一步根据账簿记录编制会计报表。

从结账工作的角度来看，账簿主要有两类：一类是资产、权益和成本类账簿，这类账簿有本期发生额，也有期末余额；另一类是损益类账簿，这类账簿有本期发生额和结转额，期末结转以后没有余额。

1. 月末结账的具体步骤

（1）先对本月所有凭证重新审核核对，减少差错。

月末结账以日常会计凭证为基础，要求所有的会计凭证数据和分录准确无误，因此需要在月末结账时重新进行核对。

（2）对以下项目进行账实核对。

① 现金：在结账日末进行清盘，编制盘点表。对平现金账户可证明所有含现金的分录正确；若现金账户不平，应查现金日记账和现金相关凭证，查清原因进行处理。

【例4－13】 某企业2011年12月11日的现金盘点报告表见表4－29。

表 4－29　现金盘点报告表

单位名称：××公司　　　　　　　　　　　　　　　　　　　　2011 年 12 月 11 日

实存数			账存数（元）	对比结果		备注
币值	数量（张）	金额（元）		盘盈	盘亏	
100 元	42	4 200.00	4 397.60	0.00	0.00	
50 元	0	0.00				
20 元	2	40.00				
10 元	4	40.00				
5 元	4	20.00				
1 元	97	97.00				
5 角	1	0.50				
1 角	1	0.10				
合计		4 397.60				

会计主管：何某　　　　　　　审核：吴某　　　　　　　制表：郭某

② 银行存款：编制银行存款余额调节表对平银行账。

银行存款余额调节表一般是在银行对账单余额与企业账面存款余额的基础上，分别补记对方已记而本方未记账的账项金额。即银行对账单余额与企业账面存款余额的关系是：企业账面存款余额＝银行对账单存款余额＋企业已收而银行未收账项－企业已付而银行未付账项＋银行已付而企业未付账项－银行已收而企业未收账项。

某企业编制的银行存款余额调节表见表 4－30。

表 4－30　银行存款余额调节表

单位名称：××公司　　　　　　　　　　　　　　　　　　　　2011 年 12 月 31 日
账号：

项目	金额（RMB）	项目	金额（RMB）
银行对账单余额	354 400	单位银行存款日记账余额	353 200
加单位已收银行未收金额		加银行已收单位未收金额	
1. 收 A 公司 12 月货款	10 000	1.	
2.		2.	

（续表）

项目	金额（RMB）	项目	金额（RMB）
减单位已付银行未付金额		减银行已付单位未付金额	
1. 付B公司货款	23 400	1. 银行自动划扣12月电费	12 200
2.		2.	
合计	341 000	合计	341 000

会计主管：何某　　　　审核：吴某　　　　制表：郭某

调节后，如果银行对账单余额与企业账面存款余额相等，一般可以认为双方记账没有差错；如果不相等，要么是未达账项未全部查出，要么是一方或双方记账出现差错，需要进一步采用对账方法查明原因，加以更正。

调节相等后的银行存款余额是当日可以动用的银行存款实有数。对于银行已经划账，而企业尚未入账的未达账项，要待银行结算凭证到达后，才能据以入账，不能以“银行存款调节表”作为记账依据。

（3）核对税务报表与应交税费明细账等账户的勾稽关系。

（4）查看所有明细科目余额，对于余额方向有异常的科目进行调整。

如“应收账款”的核对应做到：首先将各应收账款明细账与总账核对；然后检查应收账款、预付账款、其他应收款明细科目是否有贷方余额，如有应查明原因并进行调整，将应收账款调整到预收账款，将预付账款调整到应付账款，将其他应收款调整到其他应付款。

（5）编制月末结账的转账分录。

第一步，按权责发生制原则计提所有费用，如工资、福利费、营业税等；

第二步，摊销低值易耗品、无形资产、待摊费用，计提折旧、预提费用等；

第三步，结转制造费用、产成品成本、产品销售成本等；

第四步，结转本年利润，结平所有损益类账户。

2. 结账的方法

会计人员应按照规定，对库存现金、银行存款日记账按日结转，对其他账户按月、季、年结账。结账的具体方法如下。

（1）日结。库存现金、银行存款日记账，需要逐日结出余额。结账时，在本日最后一笔经济业务下面结计出本日发生额合计及余额，摘要栏注明“本日合计”即可。

（2）月结。结账时，在本月最后一笔经济业务下面通栏划单红线，结出本月发生额合计和月末余额；在摘要栏注明“本月合计”字样，在借或贷栏内写明“借”或“贷”字样。如果本月只发生一笔经济业务，由于这笔经济业务记录的金额就是本月发生额，结账时，只要在此记录下通栏划一单红线，表示与下月的发生额分开即可，不需另行结出“本月合计”数。如无余额，应在借或贷栏内写上“平”字样，余额栏内写上“－0－”字样，其余同上所述。

对于期末没有余额的“损益类”等账户，在加计借贷方发生额，显示双方金额相等后，在“摘要”栏注明“本月发生额合计”字样，在其下通栏划单红线，以表示该账户月底已结平。下月份在红线下连续登记。

对于不需要按月结计本期发生额的账户，如各项应收应付款明细账和各项财产物资明细账等，每次记账以后，都要随时结出余额，每月最后一笔经济业务的余额即为月末余额。月末结账时，只需要在最后一笔经济业务记录之下通栏划单红线即可。

需要结计本年累计发生额的账户，每月结账时，应在“本月合计”行下结出自年初起至本月末止的累计发生额，登记在月份发生额合计下面，在摘要栏内注明“本年累计”字样，并在下面通栏划单红线。

（3）季结。季末将计算出的本季度三个月的发生额合计数，写在月结数的下一行内，在摘要栏注明“本季合计”字样，并在下面通栏划单红线。

（4）年结。月末已结计本年累计发生额的账户，十二月末的“本年累计”就是全年累计发生额，在下面通栏划双红线表示封账。平时只需结计本月合计的账户，年终结账时，要在十二月末“本月合计”行下面结出全年发生额合计及年末余额，在摘要栏内注明“本年合计”字样，并在合计数下通栏划双红线表示封账。年结后，有余额的账户，要将其余额结转下年，并在摘要栏注明“结转下年”字样，在下一会计年度新建有关会计账簿的第一行余额栏内填写上年结转的余额，并在摘要栏注明“上年结转”字样。结转的方法是将余额直接记入新账余额栏内，不需要编制记账凭证，也不必将余额在记入本年账户的相反方向，把本年有余额的账户余额变为零。

【例4－14】 某企业结账的具体方法举例，见表4－31。

表4-31 总分类账

会计科目：应付账款　　　　单位：元

2011年		凭证		摘要	借方	贷方	借或贷	余额
月	日	字	号					
				上年结转			贷	12 000
1	10	汇	1	1-10日汇总	63 000	78 000		
	20	汇	2	11-20日汇总	26 000	30 000		
	31	汇	3	21-31日汇总	22 000	28 000	贷	37 000
				本月合计	111 000	136 000	贷	37 000
2	10	汇	1	1-10日汇总	18 000			
	20	汇	2	11-20日汇总	12 000	23 000		
	28	汇	3	21-28日汇总	21 000	19 000	贷	28 000
				本月合计	51 000	42 000	贷	28 000
				累计	162 000	178 000		
3	10	汇	1	1-10日汇总	28 000			
	20	汇	2	11-20日汇总	35 000	36 000		
	31	汇	3	21-31日汇总	10 300	12 300	贷	3 000
				本月合计	73 300	48 300	贷	3 000
				本季合计	235 300	226 300		
				累计	235 300	226 300		
…	…	…	…	…	…	…	…	…
12	10	汇	1	1-10日汇总	3 000			
	20	汇	2	11-20日汇总	31 400	40 800		
	31	汇	3	21-31日汇总	21 600	13 200	贷	1 000
				本月合计	56 000	54 000	贷	1 000
				本季合计	82 500	71 500		
				累计	1 263 000	1 252 000		
				结转下年			贷	1 000

3. 年终结账的具体步骤

年终清理完毕，在账目核对相符的基础上，即可进行年终结账。年终结账工作，一般分为三个步骤：年终转账、结清旧账和记入新账。

（1）年终转账。

年终转账的程序如下：

① 计算出各账户的贷方和贷方的12个月合计数和全年累计数，结出12月月末的余额。

② 试算平衡。

③ 按年终转账办法填制12月31日的记账凭证，并记入有关账户。

（2）结清旧账。

结清旧账的程序如下：

① 将转账后无余额的账户结出全年累计数，然后在下面画双红线，表示本账户全部结清。

② 对年终有余额的账户，在“全年累计数”下行的“摘要”栏内注明“结转下年”字样，再在下面画双红线，表示年终余额转入新账，结束旧账。

（3）记入新账。

根据本年度各账户余额，编制年终决算的“资产负债表”和有关明细表，按表列出各账户的年终余额数，不编制记账凭证，直接记入新账相应的各有关账户，并在“摘要”栏内注明“上年结转”字样，以区别新年度发生数。

4. 电算化下的期末结账

每月月底都需要进行结账处理，计算机结账不仅要结转各账户的本期发生额和期末余额，还要进行一系列电算化处理，检查会计凭证是否全部登记入账并审核签章、试算平衡、辅助账处理等。与手工结账相比，电算化结账工作更加规范，结账全部是由计算机自动完成。电算化结账工作需注意以下事项：

（1）专人负责。由于某月结完账后将不能再输入和修改该月的凭证，所以使用会计软件时，结账工作应由专人负责管理，以防止其他人员的误操作。

（2）结账前应检查该月的所有凭证是否均已记账、结账日期是否正确、其他相关模块的数据是否传递完毕，以及其他结账条件是否完备。若结账条件不能满足，则应退出结账模块，检查当月输入的会计凭证是否全部登记入账。只有在本期输入的会计凭证全部登记入账后才允许结账。

（3）结账必须逐月进行，上月未结账不允许结本月的账。若结账成功，则应做月结标志，之后不能再输入该月的凭证和记该月的账；若结账不成功，则恢复到结账前的状态，同时给出提示信息，要求用户做相应的调整。

（4）年底结账时，系统自动产生下年度的空白数据文件（即数据结构文件，包括凭证临时文件、凭证库文件、科目余额发生额文件），并结转年度余额，同时自动对“固定资产”等会计文件做跨年度连续使用的处理。

（5）跨年度时因年终会计工作的需要，会计软件允许在上年度未结账的情况下输入本年度 1 月份的凭证。企业可以根据具体情况，将结账环境设置为“在上年未结账的情况下不允许输入本月的凭证”。

（6）结账前应做一次数据备份，如果结账不正确可以恢复重做。

四、调账

财产清查是通过实地盘点、核对、查询并确定各项财产物资的实际结存数，并与账存数逐项核对，以保证账实相符的一种会计核算的专门方法。财产清查的种类不同，所采用的调查方法以及清查结果的账务处理也不同。

1. 财产清查方法

进行财产清查，首先就要清查实存数量和金额，确定账存数量和金额，然后比较账存数量和金额与其实存数量和金额，便可以查出实存数和其账存数是否相符。财产清查方法应区分实存数与资金额，见表 4－32。

表 4－32　财产清查方法

种类	方法	具体应用
清查财产物资实存数	实地盘点法	对各项实物通过逐一盘点，或通过计量器具确定其实存数； 适用范围广泛，如存货、现金等大部分财产物资的清查
	技术推算法	通过技术推算来确定实存数量； 适用于价值低、数量大的财产物资清查
清查财产物资金额	账面价值法	根据财产物资的账面价值来确定实存金额
	评估确认法	根据资产评估的价值确定财产物资实存金额
	协商议价法	根据涉及资产利益的有关各方，按照互惠互利原则，参考目前市场价格，协商确定财产物资的实存金额
	查询核实法	根据账簿纪录，以一定的查询方式，清查财产物资、货币资金、债权债务数量及其价值

2. 财产清查结果的账务处理

财产清查后，如果实存数与账面数一致，账实相符，不必进行账务处理。如果实存数与账面数不一致，会出现两种情况：当实存数大于账面数时，称为盘盈；当实存数小于账面数时，称为盘亏。实存数与账面数虽一致，但实存的财产物资有质量问题，不能按正常的财产物资使用的，称为毁损。

对于财产清查结果的处理又分为业务处理和账务处理。

业务处理主要包括：① 分析原因，提出处理意见；② 处理积压物，清理积欠账；③ 总结经验教训，建立健全制度；④ 明确经济责任。

盘盈、盘亏、毁损三种清查结果都要进行账务处理，调整账面数，使账面数与实存数一致，保证账实相符。账务处理分为两步：① 根据已查明属实的财产盘盈、盘亏和毁损的数字编制的“实存账存对比表”，填制记账凭证，据以登记有关账簿，调整账簿纪录，使各种财产物资的账面数与实存数一致；② 待查明原因明确责任后，再根据审批后的处理决定文件，填制记账凭证，分别记入有关账户。

为了监督财产清查的账务处理，需要设置“待处理财产损溢”账户。该账户的借方先用来登记发生的待处理盘亏和毁损的金额，待盘亏、毁损的原因查明，并经审批后，再从该账户的贷方转入有关账户的借方；该账户的贷方先用来登记发生的待处理盘盈的金额，待查明盘盈的原因后，并经审批后从该账户的借方转入有关账户的贷方。

“待处理财产损溢”账户一般下设“待处理流动资产损溢”和“待处理固定资产损溢”两个明细分类账，分别对流动资产和固定资产核算。

按财产清查的对象不同，清查结果的账务处理也不一样。

(1) 存货清查结果的账务处理。

对于存货的账实不符，应根据不同的情况做出不同的处理。

盘盈存货通常的处理方法是：冲减管理费用。

【例 4－15】 存货盘盈应用举例

某企业盘盈原材料 12 000 元，编制记账凭证，调整原材料账面数，其会计分录如下。

批准处理前：

借：原材料　　12 000

　　贷：待处理财产损溢——待处理流动资产损溢　　12 000

批准处理后：

借：待处理财产损溢——待处理流动资产损溢　　12 000
　　贷：管理费用　　12 000

盘亏存货通常的处理方法是：定额内的盘亏应增加费用；责任事故造成的损失，应由过失人负责赔偿；非常事故，如自然灾害等不可抗力因素导致的非常损失，在扣除保险公司赔款和残料价值后，经批准作为营业外支出等。

【例 4－16】　存货盘亏应用举例

增值税一般纳税的某企业因暴雨毁损库存材料一批，该批原材料实际成本为 20 000 元，收回残料价值 800 元，保险公司赔偿 11 600 元。该企业购入材料的增值税税率为 17%。

批准处理前：

借：待处理财产损溢——待处理流动资产损溢　　23 400
　　贷：原材料　　20 000
　　　　应交税费——应交增值税（进项税额转出）　　3 400

批准处理后：

借：原材料　　800
　　其他应收款　　11 600
　　营业外支出　　11 000
　　贷：待处理财产损溢——待处理流动资产损溢　　23 400

（2）固定资产清查结果的账务处理。

盘盈固定资产时，应作为前期差错处理，在按管理权限报经批准处理前应先通过“以前年度损益调整”科目核算。盘盈的固定资产的入账价值，应按以下规定确定：如同类或类似固定资产存在活跃市场的，按同类或类似固定资产的市场价格，减去按该项资产的新旧程度估计的价值损耗后的余额，作为入账价值；若同类或类似固定资产不存在活跃市场的，按该项固定资产的预计未来现金流量的现值，作为入账价值。按确定的入账价值，借记“固定资产”科目，贷记“以前年度损益调整”科目。

【例 4－17】　固定资产盘盈的应用举例

某企业于 2012 年 6 月 8 日对企业全部的固定资产进行盘查，盘盈一台 7 成新的机器设备，该设备同类产品市场价格为 100 000 元，企业所得税税率为

25%，盈余公积提取比例为10%。

要求：编制该企业盘盈固定资产的相关会计分录。

按照新会计准则，固定资产盘盈属于会计差错，该企业的有关会计处理为：

借：固定资产　　70 000
　　贷：以前年度损益调整　　70 000
借：以前年度损益调整　　17 500
　　贷：应交税费——应交所得税　　17 500
借：以前年度损益调整　　52 500
　　贷：盈余公积　　5 250
　　　　利润分配——未分配利润　　47 250

盘亏固定资产时，一般的处理方法是：自然灾害所导致的固定资产损失净额，在扣除保险公司赔偿款和残值收入后，经批准应作为营业外支出；由于责任人事故所导致的固定资产毁损，应由责任人赔偿其相关责任；丢失的固定资产，经批准后应作为营业外支出。

固定资产损益，应于年终决算前查明原因并及时处理，未能在年终前处理完毕的，应在会计报表附注中予以说明。

【例4－18】　固定资产盘亏的应用举例

某企业年末组织人员对固定资产进行清查时，发现丢失一台电机，该设备原价100 000元，已计提折旧30 000元，并已计提减值准备20 000元。经查，设备丢失的原因在于设备管理员看守不当。经董事会批准，由设备管理员赔偿15 000元。有关账务处理如下。

批准处理前：

借：待处理财产损溢——待处理固定资产损溢　　50 000
　　累计折旧　　30 000
　　固定资产减值准备　　20 000
　　贷：固定资产　　100 000

批准处理后：

借：其他应收款　　15 000
　　营业外支出——盘亏损失　　35 000
　　贷：待处理财产损溢——待处理固定资产损溢　　50 000

(3) 货币资金清查结果的账务处理。

现金清查中发现现金长款、短款，一般通过“营业外收入”、“其他应收款”等账户核算。

【例 4－19】 发现现金长款的应用举例

某企业进行现金清查，发现现金长款 20 元。

批准处理前：

借：库存现金	20	
贷：待处理财产损溢——待处理流动资产损溢		20

批准作营业外收入后：

借：待处理财产损溢——待处理流动资产损溢	20	
贷：营业外收入		20

【例 4－20】 发现现金短款的应用举例

某企业进行现金清查，发现现金短款 30 元。

批准处理前：

借：待处理财产损溢——待处理流动资产损溢	30	
贷：库存现金		30

经审核，属于出纳员的责任，应由其赔偿，批准处理后：

借：其他应收款——出纳员	30	
贷：待处理财产损溢——待处理流动资产损溢		30

第五章

企业经营“晴雨表”——会计报表

内容概览

经过前面章节的铺垫，我们总算走到了会计流程的最后阶段：会计报表。它也是会计人员工作成果的综合反映。

会计报表就像是一个企业的体检报告一样，能够反映企业的经营成果、偿债能力、现金状况以及后续发展潜力等。会计报表对内是管理者决策的指南针，对外是投资者决策的风向标。几乎所有的利益相关者都会关注企业的会计报表。

因此，本章是重中之重，需要读者提起精神，认真解读。在了解几大报表的基础上，我们采用了一个实例，让你能够身入其境地体验报表的编制。

第一节　会计报表概述

一、会计报表的概念

《企业会计准则——基本准则》第44条指出：“财务报告是指企业对外提供的反映企业某一特定日期的财务状况和某一会计期间的经营成果、现金流量等会计信息的文件。财务报告包括会计报表及其附注和其他应当在财务会计报告中披露的相关信息和资料。会计报表至少应当包括资产负债表、利润表、现金流量表等报表。小企业编制的会计报表可以不包括现金流量表。”

财务报告主要体现为会计报表，会计报表必须是在日常核算资料的基础上，定期地对账簿等核算资料进行归集、加工、汇总并根据会计准则编制而成，它是财务报告的核心，是对企业财务状况、经营成果和现金流量的结构性表述，其所显示的信息，是会计确认、计量和报告的直接结果，是企业正式对外揭示或表述会计信息的书面文件。财务报告的意义在于真实、完整地反映企业的财务状况、经营成果和现金流量，为财务报告使用者提供经济决策所需的相关信息。

财务报告至少应当包括下列组成部分：① 资产负债表；② 利润表；③ 现金流量表；④ 所有者权益（或股东权益，下同）变动表；⑤ 会计报表附注。

二、会计报表的分类

会计报表可以根据需要，按照不同的标准进行分类。具体如图 5－1 所示。

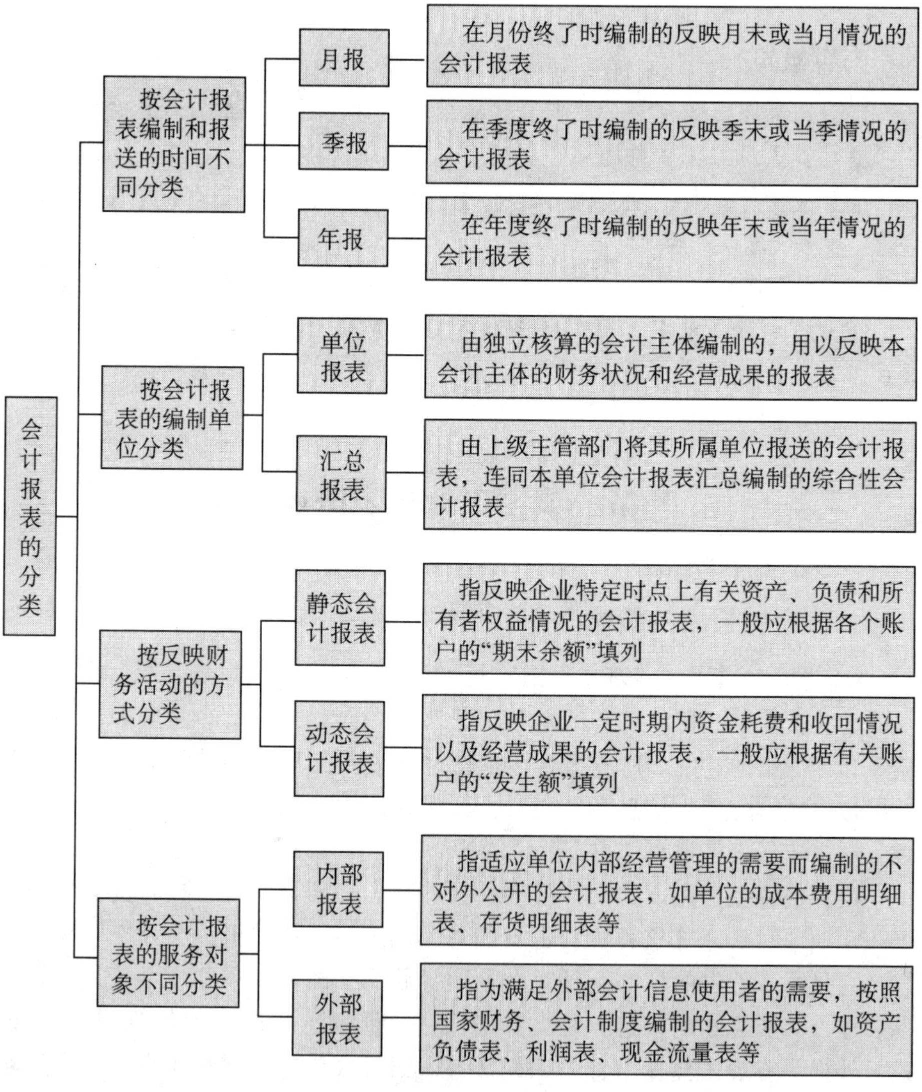

图 5－1　会计报表的分类

三、会计报表的编制要求

为了保证会计报表的质量，充分发挥其作用，我国《企业会计准则》规定了编制会计报表的基本要求：“会计报表应按登记完整、核对无误的账簿记录和其他有关资料编制，做到数字真实、计算准确、内容完整、编制及时。”

1. 数字真实，计算准确

会计报表提供的数据必须客观、真实，能够真实准确地反映企业的财务状况和经营成果，所以会计报表中各项目的数字必须以核对无误的账簿记录和其他资料填写，不得用预计数字、估计数字代替真实数字，更不得弄虚做假，伪造报表数字，同时还要对会计报表中各项目的金额采用正确的计算方法，确保计算结果的准确。

为了保证数字真实、准确，在编制会计报表时要根据规定的结账日期按期结账、认真对账和财产清查，使会计账簿所有记录准确无误。

2. 内容完整

会计报表所提供的会计信息的内容必须全面、系统地反映出企业经营活动的全部情况，为此要求企业必须按规定的报表种类、格式和内容来编制，不得漏编漏报，对不同会计期间应编报的各种会计报表，都必须填列完整；同时要求企业在每种会计报表中应填写的各项指标，不论是表内项目还是表外补充资料，都必须填列齐全，对某些不便列入报表的重要资料，应在括号内说明或以附注等形式加以说明。

3. 编报及时

时效性是会计信息的一大特征，如果会计信息的报告期被不适当地拖延，即使是最真实最完整的会计报表也将失去其效用。所以，会计报表必须按照规定的期限和程序，及时编制、及时报送。

根据我国会计制度规定：月份会计报表应于月份终了后 6 天内报出；季度报告应于季度终了后 15 天内报出；中报应于年度中期结束后 60 天内报出；年度会计报表应于年度终了后 4 个月内报出。法律、法规另有规定者，从其规定。

为了保证会计报表及时报送，各企业应当科学地组织好日常核算工作，认真做好记账、算账、对账和按期结账等工作。

第二节　资产负债表

一、资产负债表概述

1. 资产负债表的概念

资产负债表是指反映企业在某一特定日期的财务状况的报表，它可以反映企业在某一特定日期所拥有或控制的经济资源、所承担的现时义务和所有者对净资产的要求权。通过会计报表，使用者可以全面了解企业的财务状况、分析企业的偿债能力，从而为其作出经济决策提供依据。

2. 资产负债表的作用及局限性

资产负债表主要有以下几方面的作用。

（1）反映企业拥有或控制的经济资源及其分布情况。

资产负债表把企业所拥有或控制的资产按经济性质、用途分成流动资产、长期投资、固定资产、无形资产及其他资产等类别，各类别下又分若干明细项目，方便报表使用者从中了解到企业在某一特定日期所拥有或控制的资产总量及其结构。

（2）反映企业的权益结构。

资产负债表把企业的权益分成负债和所有者权益两大类，负债又分为流动负债和非流动负债，所有者权益又分为股本（或实收资本）、资本公积、盈余公积和未分配利润，从而使报表使用者清楚地了解到企业在某一特定日期的资金来源及其构成。

（3）反映企业的流动性和财务实力。

流动性又称变现能力，资产转换成现金或负债到期清偿所需的时间越短，其流动性越强。资产负债表上的资产项目是按其流动性排列的，通过研究资产项目的构成及其比例，就能充分了解企业资产的流动性。企业的财务实力取决于企业的资产结构和其权益结构（或称资本结构），这些可以从资产负债表所显示的资产、负债及所有者权益加以评估。

（4）提供进行财务分析的基本资料。

通过分析资产负债表上有关的项目，可以进行解释、评价和预测企业的短期偿债能力、长期偿债能力、财务弹性和企业的绩效等财务分析，了解企业的短期偿债能力，并进而做出合理的经营决策和正确的投资、融资决策。

当然，资产负债表也存在着一定的局限性，了解这些局限性将有助于更好地利用资产负债表。这些局限性主要有以下几点。

（1）由于通货膨胀的影响，资产负债表账面上的原始成本与编表日的现时价值相差很远。

（2）难免遗漏企业的人力资源、生产技术的领先程度、社会责任等无法用货币计量的重要经济资源和经济义务的消息。

（3）资产负债表的信息中包含了诸如坏账准备、固定资产折旧、无形资产摊销等估计数，会影响其可靠性。

（4）对资产负债表所提供信息的理解依赖于报表使用者自身的判断，对报表使用者的要求较高。

3. 资产负债表的内容

（1）资产。

资产负债表中的资产反映由过去的交易、事项形成并由企业在某一特定日期所拥有或控制的、预期会给企业带来经济利益的资源。

资产应当按照流动资产和非流动资产两大类别在资产负债表中列示，在流动资产和非流动资产类别下进一步按性质分项列示。

流动资产是指预计在一个正常营业周期中变现、出售或耗用，或者主要为交易目的而持有，或者预计在资产负债表日起一年内（含一年）变现的资产，或者自资产负债表日起一年内交换其他资产或清偿负债的能力不受限制的现金或现金等价物。正常营业周期通常是指企业从购买用于加工的资产起至实现现金或现金等价物的期间。正常营业周期通常短于一年，但是，也存在正常营业周期长于一年的情况，如房地产开发企业开发用于出售的房地产开发产品，造船企业制造用于出售的大型船只等，从购买原材料进入生产，到制造出产品出售并收回现金或现金等价物的过程，往往超过一年，在这种情况下，与生产循环相关的产成品、应收账款、原材料尽管是超过一年才变现、出售或耗用，仍应作为流动资产列示。

资产负债表中列示的流动资产项目通常包括：货币资金、交易性金融资产、应收票据、应收账款、预付款项、应收利息、应收股利、其他应收款、存货和一年内到期的非流动资产等。

非流动资产是指流动资产以外的资产。资产负债表中列示的非流动资产项目通常包括：长期股权投资、固定资产、在建工程、工程物资、固定资产清理、无形资产、开发支出、长期待摊费用以及其他非流动资产等。

（2）负债。

资产负债表中的负债反映在某一特定日期企业所承担的、预期会导致经济利益流出企业的现时义务。

负债应当按照流动负债和非流动负债在资产负债表中进行列示，在流动负债和非流动负债类别下再进一步按性质分项列示。

流动负债是指预计在一个正常营业周期中清偿，或者自资产负债表日起一年内（含一年）到期应予以清偿，或者企业无权自主地将清偿推迟至资产负债表日后一年以上的负债。资产负债表中列示的流动负债项目通常包括：短期借款、应付票据、应付账款、预收款项、应付职工薪酬、应交税费、应付利息、应付股利、其他应付款、一年内到期的非流动负债等。

非流动负债是指流动负债以外的负债。非流动负债项目通常包括：长期借款、应付债券和其他非流动负债等。

（3）所有者权益。

资产负债表中的所有者权益是企业资产扣除负债后的剩余权益，反映企业在某一特定日期股东（投资者）拥有的净资产的总额，它一般按照实收资本（或股本）、资本公积、盈余公积和未分配利润分项列示。

二、资产负债表的格式

我国企业的资产负债表采用账户式结构。账户式资产负债表分左右两方，左方为资产项目，大体按资产的流动性大小排列，流动性大的资产如“货币资金”、“交易性金融资产”等排在前面，流动性小的资产如“长期股权投资”、“固定资产”等排在后面。右方为负债及所有者权益项目，一般按要求清偿时间的先后顺序排列：“短期借款”、“应付票据”、“应付账款”等需要在一年以内或者长于一年的一个正常营业周期内偿还的流动负债排在前面，“长期借款”等在一年以上才需偿还的非流动负债排在中间，在企业清算之前不需要偿还的所有者权益项目排在后面。

账户式资产负债表中的资产各项目的合计等于负债和所有者权益各项目的合计，即资产负债表左方和右方平衡。因此，通过账户式资产负债表，可以反映资产、负债和所有者权益之间的内在关系，即“资产 = 负债 + 所有者权益”。我国企业的资产负债表格式见表 5－1。

表 5-1　资产负债表

（新会计准则适用一般企业）

会企 01 表

编制单位：××公司　　　　年　　月　　日　　　　单位：元

资　产	期末余额	期初余额	负债和所有者权益（或股东权益）	期末余额	期初余额
流动资产：			流动负债：		
货币资金			短期借款		
交易性金融资产			交易性金融负债		
应收票据			应付票据		
应收账款			应付账款		
预付款项			预收款项		
应收利息			应付职工薪酬		
应收股利			应交税费		
其他应收款			应付利息		
存货			应付股利		
一年内到期的非流动资产			其他应付款		
其他流动资产			一年内到期的非流动负债		
流动资产合计			其他流动负债		
非流动资产：			流动负债合计		
可供出售金融资产			非流动负债：		
持有至到期投资			长期借款		
长期应收款			应付债券		
长期股权投资			长期应付款		
投资性房地产			专项应付款		
固定资产			预计负债		
在建工程			递延所得税负债		
工程物资			其他非流动负债		
固定资产清理			非流动负债合计		
生产性生物资产			负债合计		

（续表）

资　产	期末余额	期初余额	负债和所有者权益（或股东权益）	期末余额	期初余额
油气资产			所有者权益（或股东权益）：		
无形资产			实收资本（或股本）		
开发支出			资本公积		
商誉			减：库存股		
长期待摊费用			盈余公积		
递延所得税资产			未分配利润		
其他非流动资产			所有者权益（或股东权益）合计		
非流动资产合计					
资产总计			负债和所有者权益（或股东权益）总计		

三、资产负债表的编制

1. 资产负债表项目的填列方法

资产负债表的各项目均需填列“期初余额”和“期末余额”两栏。

资产负债表“期初余额”栏内各项数字，应根据上年末资产负债表的“期末余额”栏内所列数字填列。如上年度资产负债表规定的各个项目名称和内容与本年度不一致，应对上年年末资产负债表各项目名称和数字按照本年度规定进行调整，填入本表“期初余额”栏内。

资产负债表的“期末余额”栏内各项数字，其填列方法如下：

（1）根据总账科目的余额填列。

资产负债表中的有些项目，可直接根据有关总账科目的余额填列，如“交易性金融资产”、“短期借款”、“应付票据”、“应付职工薪酬”等项目；有些项目，则需根据几个总账科目的余额计算填列，如“货币资金”项目，需根据“库存现金”、“银行存款”、“其他货币资金”三个总账科目余额合计填列。

（2）根据有关明细科目的余额计算填列。

资产负债表中的有些项目，需要根据明细科目余额填列，如“应付账款”项目，需要分别根据“应付账款”和“预付账款”两科目所属明细科目的期末贷方余额计算填列。

（3）根据总账科目和明细科目的余额分析计算填列。

资产负债表的有些项目，需要依据总账科目和明细科目两者的余额分析填列，如“长期借款”项目，应根据“长期借款”总账科目余额扣除“长期借款”科目所属的明细科目中将在资产负债表日起一年内到期、且企业不能自主将清偿义务展期的长期借款后的金额填列。

（4）根据有关科目余额减去其备抵科目余额后的净额填列。

如资产负债表中的“应收账款”、“长期股权投资”等项目，应根据“应收账款”、“长期股权投资”等科目的期末余额减去“坏账准备”、“长期股权投资减值准备”等科目余额后的净额填列；“固定资产”项目，应根据“固定资产”科目期末余额减去“累计折旧”、“固定资产减值准备”科目余额后的净额填列；“无形资产”项目，应根据“无形资产”科目期末余额减去“累计摊销”、“无形资产减值准备”科目余额后的净额填列。

（5）综合运用上述填列方法分析填列。

如资产负债表中的“存货”项目，需根据“原材料”、“库存商品”、“委托加工物资”、“周转材料”、“材料采购”、“在途物资”、“发出商品”、“材料成本差异”等总账科目期末余额的分析汇总数，再减去“存货跌价准备”备抵科目余额后的金额填列。

2. 资产负债表项目的填列说明

资产负债表中资产、负债和所有者权益主要项目的填列说明如下。

（1）资产项目的填列说明。

①“货币资金”项目，反映企业库存现金、银行结算户存款、外埠存款、银行汇票存款、银行本票存款、信用卡存款、信用证保证金存款等的合计数。

本项目应根据“库存现金”、“银行存款”、“其他货币资金”科目期末余额的合计数填列。

②“交易性金融资产”项目，反映企业持有的以公允价值计量且其变动计入当期损益的为交易目的所持有的债券投资、股票投资、基金投资、权证投资等金融资产。

本项目应当根据“交易性金融资产”科目的期末余额填列。

③“应收票据”项目，反映企业因销售商品、提供劳务等而收到的商业汇票，包括银行承兑汇票和商业承兑汇票。

本项目应根据“应收票据”科目的期末余额，减去“坏账准备”科目中有关应收票据计提的坏账准备期末余额后的金额填列。

④“应收账款”项目，反映企业因销售商品、提供劳务等经营活动应收

取的款项。

本项目应根据“应收账款”和“预收账款”科目所属各明细科目的期末借方余额合计减去“坏账准备”科目中有关应收账款计提的坏账准备期末余额后的金额填列。如“应收账款”科目所属明细科目期末有贷方余额的，应在本表“预收款项”项目内填列。

⑤“预付款项”项目，反映企业按照购货合同规定预付给供应单位的款项等。

本项目应根据“预付账款”和“应付账款”科目所属各明细科目的期末借方余额合计数，减去“坏账准备”科目中有关预付款项计提的坏账准备期末余额后的金额填列。如“预付账款”科目所属各明细科目期末有贷方余额的，应在资产负债表“应付账款”项目内填列。

⑥“应收利息”项目，反映企业应收取的债券投资等的利息。

本项目应根据“应收利息”科目的期末余额，减去“坏账准备”科目中有关应收利息计提的坏账准备期末余额后的金额填列。

⑦“应收股利”项目，反映企业应收取的现金股利和应收取其他单位分配的利润。

本项目应根据“应收股利”科目的期末余额，减去“坏账准备”科目中有关应收股利计提的坏账准备期末余额后的金额填列。

⑧“其他应收款”项目，反映企业除应收票据、应收账款、预付账款、应收股利、应收利息等经营活动外其他各种应收、暂付款项。

本项目应根据“其他应收款”科目的期末余额，减去“坏账准备”科目中有关其他应收款计提的坏账准备期末余额后的金额填列。

⑨“存货”项目，反映企业期末在库、在途和在加工中的各种存货的可变现净值。

本项目应根据“材料采购”、“原材料”、“低值易耗品”、“库存商品”、“周转材料”、“委托加工物资”、“委托代销商品”、“生产成本”等科目的期末余额合计，减去“受托代销商品款”、“存货跌价准备”科目期末余额后的金额填列。材料采用计划成本核算，以及库存商品采用计划成本核算或售价核算的企业，还应按加或减材料成本差异、商品进销差价后的金额填列。

⑩“一年内到期的非流动资产”项目，反映企业将于一年内到期的非流动资产项目金额。

本项目应根据有关科目的期末余额填列。

⑪“长期股权投资”项目，反映企业持有的对子公司、联营企业和合营

企业的长期股权投资。

本项目应根据“长期股权投资”科目的期末余额，减去“长期股权投资减值准备”科目的期末余额后的金额填列。

⑫“固定资产”项目，反映企业各种固定资产原价减去累计折旧和累计减值准备后的净额。

本项目应根据“固定资产”科目的期末余额，减去“累计折旧”和“固定资产减值准备”科目期末余额后的金额填列。

⑬“在建工程”项目，反映企业期末各项未完工程的实际支出，包括交付安装的设备价值、未完建筑安装工程已经耗用的材料、工资和费用支出、预付出包工程的价款等的可收回金额。

本项目应根据“在建工程”科目的期末余额，减去“在建工程减值准备”科目期末余额后的金额填列。

⑭“工程物资”项目，反映企业尚未使用的各项工程物资的实际成本。

本项目应根据“工程物资”科目的期末余额填列。

⑮“固定资产清理”项目，反映企业因出售、毁损、报废等原因转入清理但尚未清理完毕的固定资产的净值，以及固定资产清理过程中所发生的清理费用和变价收入等各项金额的差额。

本项目应根据“固定资产清理”科目的期末借方余额填列，如“固定资产清理”科目期末为贷方余额，以“－”号填列。

⑯“无形资产”项目，反映企业持有的无形资产，包括专利权、非专利技术、商标权、著作权、土地使用权等。

本项目应根据“无形资产”的期末余额，减去“累计摊销”和“无形资产减值准备”科目期末余额后的金额填列。

⑰“开发支出”项目，反映企业开发无形资产过程中能够资本化形成无形资产成本的支出部分。

本项目应当根据“研发支出”科目中所属的“资本化支出”明细科目期末余额填列。

⑱“长期待摊费用”项目，反映企业已经发生但应由本期和以后各期负担的分摊期限在一年以上的各项费用。长期待摊费用中在一年内（含一年）摊销的部分，在资产负债表“一年内到期的非流动资产”项目填列。

本项目应根据“长期待摊费用”科目的期末余额减去将于一年内（含一年）摊销的数额后的金额填列。

⑲“其他非流动资产”项目，反映企业除长期股权投资、固定资产、在建工程、工程物资、无形资产等以外的其他非流动资产。

本项目应根据有关科目的期末余额填列。

（2）负债项目的填列说明。

①“短期借款”项目，反映企业向银行或其他金融机构等借入的期限在一年以下（含一年）的各种借款。

本项目应根据“短期借款”科目的期末余额填列。

②“应付票据”项目，反映企业购买材料、商品和接受劳务供应等而开出、承兑的商业汇票，包括银行承兑汇票和商业承兑汇票。

本项目应根据“应付票据”科目的期末余额填列。

③“应付账款”项目，反映企业因购买材料、商品和接受劳务供应等经营活动应支付的款项。

本项目应根据“应付账款”和“预付账款”科目所属各明细科目的期末贷方余额合计数填列；如“应付账款”科目所属明细科目期末有借方余额的，应在资产负债表“预付款项”项目内填列。

④“预收款项”项目，反映企业按照购货合同规定预先收取的款项。

本项目应根据“预收账款”和“应收账款”科目所属各明细科目的期末贷方余额合计数填列。如“预收账款”科目所属各明细科目期末有借方余额，应在资产负债表“应收账款”项目内填列。

⑤“应付职工薪酬”项目，反映企业根据有关规定应付给职工的工资、职工福利、社会保险费、住房公积金、工会经费、职工教育经费、非货币性福利、辞退福利等各种薪酬。外商投资企业按规定从净利润中提取的职工奖励及福利基金，也在本项目列示。

⑥“应交税费”项目，反映企业按照税法规定计算应交纳的各种税费，包括增值税、消费税、营业税、所得税、资源税、土地增值税、城市维护建设税、房产税、土地使用税、车船使用税、教育费附加、矿产资源补偿费等。企业代扣代交的个人所得税，也通过本项目列示。企业所交纳的税金不需要预计应交数的，如印花税、耕地占用税等，不在本项目列示。

本项目应根据“应交税费”科目的期末贷方余额填列；如“应交税费”科目期末为借方余额，应以“－”号填列。

⑦“应付利息”项目，反映企业按照规定应当支付的利息，包括分期付息到期还本的长期借款应支付的利息、企业发行的企业债券应支付的利息等。

本项目应当根据“应付利息”科目的期末余额填列。

⑧“应付股利”项目，反映企业分配的现金股利或利润。企业分配的股票股利，不通过本项目列示。

本项目应根据“应付股利”科目的期末余额填列。

⑨“其他应付款”项目，反映企业除应付票据、应付账款、预收款项、应付职工薪酬、应付股利、应付利息、应交税费等经营活动以外的其他各项应付、暂收的款项。本项目应根据“其他应付款”科目的期末余额填列。

⑩“一年内到期的非流动负债”项目，反映非流动负债中将于资产负债表日后一年内到期部分的金额，如将于一年内偿还的长期借款。

本项目应根据有关科目的期末余额填列。

⑪“长期借款”项目，反映企业向银行或其他金融机构借入的期限在一年以上（不含一年）的各项借款。

本项目应根据“长期借款”科目的期末明细科目金额扣除将在资产负债表日起一年内到期且企业不能自主地将清偿义务展期的金额后的余额填列。

⑫“应付债券”项目，反映企业为筹集长期资金而发行的债券本金和利息。

本项目应根据“应付债券”科目的期末余额填列。

⑬“其他非流动负债”项目，反映企业除长期借款、应付债券等项目以外的其他非流动负债。

本项目应根据有关科目期末余额减去将于一年内（含一年）到期偿还数后的余额填列。非流动负债各项目中将于一年内（含一年）到期的非流动负债，应在“一年内到期的非流动负债”项目内单独反映。

（3）所有者权益项目的填列说明。

①“实收资本（或股本）”项目，反映企业各投资者实际投入的资本（或股本）总额。

本项目应根据“实收资本”（或“股本”）科目的期末余额填列。

②“资本公积”项目，反映企业资本公积的期末余额。

本项目应根据“资本公积”科目的期末余额填列。

③“盈余公积”项目，反映企业盈余公积的期末余额。

本项目应根据“盈余公积”科目的期末余额填列。

④“未分配利润”项目，反映企业尚未分配的利润。

本项目应根据“本年利润”科目和“利润分配”科目的余额计算填列。未弥补的亏损在本项目内以“－”号填列。

第三节 利润表

一、利润表的概念、作用及内容

1. 利润表的概念

利润表，又称收益表，是反映企业在一定会计期间（如年度、季度、月份）生产经营成果的会计报表，属于动态会计报表，主要依据会计的收入实现原则和配比原则编制，即把同一会计期间的营业收入与相关费用（成本）进行配比，从而计算出企业在该会计期间的净利润或净亏损。目前在西方国家中，利润表的地位甚至已超过了资产负债表而成为最重要的会计报表。

2. 利润表的作用

（1）有助于分析企业的经营成果和获利能力。

利润表直接揭示企业一定会计期间的经营成果，同时，根据该数据，报表阅读者通过比较同一企业在不同时期，或同一行业中不同企业在相同时期的有关指标，即可分析企业今后的利润发展趋势，评价和预测企业的获利能力，并据此做出相关决策。

（2）有助于预测企业未来利润和现金流量。

利润表所提供的对于过去经营活动收益水平的客观记录和历史反映，有助于会计报表的使用者更好地判断企业未来的利润状况和现金流量。

（3）有助于企业管理人员的未来决策。

比较和分析利润表中的各种构成要素可以把握各项收入、成本、费用与利润之间的消长关系，发现工作中存在的问题，及时采取措施，改善经营管理。

（4）有助于考核企业管理人员的经营业绩。

利润表中所提供的盈利信息是一项综合性的信息，它是企业在生产、经营、理财、投资等各项活动中管理效率和效益的直接表现，基本上能够反映企业管理者的经营业绩和管理效率，从而帮助企业适当调整，改善经营。

3. 利润表的内容

根据我国2006年《企业会计准则第30号——财务报表列报》的规定：在利润表中，费用应当按照功能分类，分为从事经营业务发生的成本、管理费用、销售费用和财务费用等。利润表至少应当单独列示反映下列信息的项目：营业收入、营业成本、营业税金、管理费用、销售费用、财务费用、投资收益、公允价值变动损益、资产减值损失、非流动资产处置损益、所得税费用和净利润。在合并利润表中，企业应当在净利润项目之下单独列示归属于母公司的损益和归属于少数股东的损益。

利润表主要反映以下几方面的内容：

（1）构成营业利润的各项要素。营业利润是营业收入减去为取得营业收入而发生的相关费用（包括有关的流转税）后得到。

（2）构成利润总额（或亏损总额）的各项要素。利润总额（或亏损总额）在营业利润的基础上，加上营业外收入减去营业外支出后得到。

（3）构成净利润（或净亏损）的各项要素。净利润（或净亏损）在利润总额（或亏损总额）的基础上，减去本期计入损益的所得税费用后得到。

（4）构成每股收益的各项要素。

二、利润表的格式

利润表的格式见表5－2。

表5－2　利润表

（新会计准则适用一般企业）

编制单位：××公司　　××年度　　单位：元

项 目	本期金额	上期金额
一、营业收入		
减：营业成本		
营业税金及附加		
销售费用		
管理费用		
财务费用		
资产减值损失		
加：公允价值变动收益（损失以“－”号填列）		
投资收益（损失以“－”号填列）		
其中：对联营企业和合营企业的投资收益		
二、营业利润（亏损以“－”号填列）		
加：营业外收入		
减：营业外支出		

（续表）

项 目	本期金额	上期金额
其中：非流动资产处置损失		
三、利润总额（亏损总额以“－”号填列）		
减：所得税费用		
四、净利润（净亏损以“－”号填列）		
五、每股收益		
（一）基本每股收益		
（二）稀释每股收益		

三、利润表的编制

1. 利润表的编制步骤

第一步，以营业收入减去营业成本、营业税金及附加、销售费用、管理费用、财务费用、资产减值损失，加上公允价值变动收益（减去公允价值变动损失）和投资收益（减去投资损失），计算出营业利润；

第二步，以营业利润加上营业外收入，减去营业外支出，计算出利润总额；

第三步，以利润总额减去所得税费用，计算出净利润（或净亏损）。

普通股或潜在普通股已公开交易的企业及正处于公开发行普通股或潜在普通股过程中的企业，还应当在利润表中列示每股收益信息。

2. 利润表项目的填列方法

利润表各项目均需填列“本期金额”和“上期金额”两栏。

在编制中期（月、季或半年）利润表时，“本期金额”栏应分为“本期金额”和“年初至本期末累计发生额”两栏，分别填列各项目本中期各项目实际发生额，以及自年初起至本中期末止的累计实际发生额。“上期金额”栏应分为“上年可比本中期金额”和“上年初至可比本中期末累计发生额”两栏，根据上年可比中期利润表对应的数字分别填列。上年度利润表与本年度利润表的项目名称和内容不一致的，应对上年度利润表项目的名称和数字按本年度的规定进行调整。年终结账时，由于全年的收入和支出已全部转入“本年利润”科目，并且通过收支对比结出本年净利润的数额。因此，应将年度利润表中的"净利润"数字，与"本年利润"科目结转到"利润分配——未分配利润"科目的数字相核对，检查账簿记录和报表编制的正确性。

利润表"本期金额"、"上期金额"栏内各项数字，除"每股收益"项目外，应当按照相关科目发生额分析填列。

3. 利润表项目的填列说明

利润表"本期金额"栏内各项数字一般应当反映以下内容。

（1）"营业收入"项目，反映企业经营主要业务和其他业务所确认的收入总额，应根据"主营业务收入"和"其他业务收入"账户的贷方发生额扣除借方发生额后的净额计算填列。

（2）"营业成本"项目，反映企业经营主要业务和其他业务发生的实际成本总额，应根据"主营业务成本"和"其他业务成本"账户的借方发生额扣除贷方发生额后的净额计算填列。

（3）"营业税金及附加"项目，反映企业经营业务应负担的营业税、消费税、城市维护建设税、资源税、土地增值税和教育费附加等。

（4）"销售费用"项目，反映企业在销售商品过程中发生的包装费、广告费等费用和为销售本企业商品而专设的销售机构的职工薪酬、业务费等经营费用。

（5）"管理费用"项目，反映企业为组织和管理生产经营发生的管理费用。

（6）"财务费用"项目，反映企业因筹集生产经营所需资金等而发生的筹资费用。

（7）企业发生勘探费用的，应在"管理费用"和"财务费用"项目之间，增设"勘探费用"项目反映。

（8）"资产减值损失"项目，反映企业各项资产发生的减值损失。

（9）"公允价值变动净收益"项目，反映企业按照相关准则规定应当计入当期损益的资产或负债公允价值变动净收益，如交易性金融资产当期公允价值的变动额。如为净损失，以"－"号填列。

（10）"投资净收益"项目，反映企业以各种方式对外投资所取得的收益。如为净损失，以"－"号填列。企业持有的交易性金融资产处置和出售时，处置收益部分应当自"公允价值变动损益"项目转出，列入本项目。

（11）"营业外收入"、"营业外支出"项目，反映企业发生的与其经营活动无直接关系的各项收入和支出。其中，处置非流动资产净损失，应当单独列示。

（12）“利润总额”项目，反映企业实现的利润总额。如为亏损总额，以“-”号填列。

（13）“所得税费用”项目，反映企业根据所得税准则确认的应从当期利润总额中扣除的所得税费用。

（14）“基本每股收益”和“稀释每股收益”项目。《企业会计准则第34号——每股收益》及其应用指南规定：企业应当按照归属于普通股股东的当期净利润，除以发行在外普通股的加权平均数计算基本每股收益。发行在外普通股加权平均数=期初发行在外普通股股数+当期新发行普通股股数×已发行时间÷报告期时间-当期回购普通股股数×已回购时间÷报告期时间；已发行时间、报告期时间和已回购时间一般按照天数计算；在不影响计算结果合理性的前提下，也可以采用简化的计算方法。

第四节　现金流量表

一、现金流量表的相关概念

1. 现金流量表的概念

现金流量表是反映企业现金流量的报表，可以为报表使用者提供企业一定会计期间内现金流量的信息，便于使用者了解和评价企业获取现金和现金等价物的能力，据以预测企业未来现金流量。

2. 现金流量及其分类

现金流量是指一定会计期间内企业现金和现金等价物的流入和流出，企业从银行提取现金、用现金购买短期到期的国库券等现金和现金等价物之间的转换不属于现金流量。

现金是指企业库存现金以及可以随时用于支付的存款，包括库存现金、银行存款和其他货币资金（如外埠存款、银行汇票存款、银行本票存款等）等。不能随时用于支付的存款不属于现金。

现金等价物是指企业持有的期限短（一般是指从购买日起三个月内到期）、流动性强、易于转换为已知金额现金、价值变动风险很小的投资。现金等价物通常包括三个月内到期的债券投资等。权益性投资变现的金额通常不确定，因而不属于现金等价物。企业应当根据具体情况，确定现金等价物的范围，一经确定不得随意变更。

企业产生的现金流量分为三类：

（1）经营活动产生的现金流量。

经营活动，是指企业投资活动和筹资活动以外的所有交易和事项。

经营活动产生的现金流量包括销售商品或提供劳务、购买商品、接受劳务、支付工资和交纳税款等流入和流出的现金和现金等价物。

（2）投资活动产生的现金流量。

投资活动，是指企业长期资产的购建和不包括在现金等价物范围内的投资及其处置活动。

投资活动产生的现金流量主要包括购建固定资产、处置子公司及其他营业单位等流入和流出的现金和现金等价物。

（3）筹资活动产生的现金流量。

筹资活动，是指导致企业资本及债务规模和构成发生变化的活动。

筹资活动产生的现金流量主要包括吸收投资、发行股票、分配利润、发行债券、偿还债务等流入和流出的现金和现金等价物。偿付应付账款、应付票据等商业应付款等属于经营活动，不属于筹资活动。

二、现金流量表的格式

我国企业现金流量表采用报告式结构，分类反映经营活动产生的现金流量、投资活动产生的现金流量和筹资活动产生的现金流量，最后汇总反映企业某一期间现金及现金等价物的净增加额。我国企业现金流量表的格式见表5-3。

表5-3　现金流量表

（新会计准则适用一般企业）

编制单位：××公司　　　　××年度　　　　单位：元

项目	本期金额	上期金额
一、经营活动产生的现金流量		
销售商品、提供劳务收到的现金		
收到的税费返还		
收到其他与经营活动有关的现金		
经营活动现金流入小计		
购买商品、接受劳务支付的现金		

（续表）

项目	本期金额	上期金额
支付给职工以及为职工支付的现金		
支付的各项税费		
支付其他与经营活动有关的现金		
经营活动现金流出小计		
经营活动产生的现金流量净额		
二、投资活动产生的现金流量		
收回投资收到的现金		
取得投资收益收到的现金		
处置固定资产、无形资产和其他长期资产收回的现金净额		
处置子公司及其他营业单位收到的现金净额		
收到其他与投资活动有关的现金		
投资活动现金流入小计		
购建固定资产、无形资产和其他长期资产支付的现金		
投资支付的现金		
取得子公司及其他营业单位支付的现金净额		
支付其他与投资活动有关的现金		
投资活动现金流出小计		
投资活动产生的现金流量净额		
三、筹资活动产生的现金流量		
吸收投资收到的现金		
取得借款收到的现金		
收到其他与筹资活动有关的现金		
筹资活动现金流入小计		
偿还债务支付的现金		
分配股利、利润或偿付利息支付的现金		
支付其他与筹资活动有关的现金		
筹资活动现金流出小计		
筹资活动产生的现金流量净额		

（续表）

项目	本期金额	上期金额
四、汇率变动对现金及现金等价物的影响		
五、现金及现金等价物净增加额		
加：期初现金及现金等价物余额		
六、期末现金及现金等价物余额		

三、现金流量表的编制

企业应当采用直接法列示经营活动产生的现金流量。直接法，是指通过现金收入和现金支出的主要类别列示经营活动的现金流量。采用直接法编制经营活动的现金流量时，一般以利润表中的营业收入为起算点，调整与经营活动有关的项目的增减变动，然后计算出经营活动的现金流量。采用直接法具体编制现金流量表时，可以采用工作底稿法或T型账户法，也可以根据有关科目记录分析填列。

1. 经营活动产生的现金流量

（1）“销售商品、提供劳务收到的现金”项目，反映企业本年销售商品、提供劳务收到的现金，以及以前年度销售商品、提供劳务本年收到的现金（包括应向购买者收取的增值税销项税额）和本年预收的款项，减去本年销售本年退回商品和以前年度销售本年退回商品支付的现金。企业销售材料和代购代销业务收到的现金，也在本项目反映。

（2）“收到的税费返还”项目，反映企业收到返还的所得税、增值税、营业税、消费税、关税和教育费附加等各种税费返还款。

（3）“收到其他与经营活动有关的现金”项目，反映企业经营租赁收到的租金等其他与经营活动有关的现金流入，金额较大的应当单独列示。

（4）“购买商品、接受劳务支付的现金”项目，反映企业本年购买商品、接受劳务实际支付的现金（包括增值税进项税额），以及本年支付以前年度购买商品、接受劳务的未付款项和本年预付款项，减去本年发生的购货退回收到的现金。企业购买材料和代购代销业务支付的现金，也在本项目反映。

（5）“支付给职工以及为职工支付的现金”项目，反映企业本年实际支付给职工的工资、资金、各种津贴和补贴等职工薪酬（包括代扣代缴的职工个人所得税）。

（6）“支付的各项税费”项目，反映企业本年发生并支付、以前各年发生本年支付以及预交的各项税费，包括所得税、增值税、营业税、消费税、印花税、房产税、土地增值税、车船使用税、教育费附加等。

（7）“支付其他与经营活动有关的现金”项目，反映企业经营租赁支付的租金、支付的差旅费、业务招待费、保险费、罚款支出等其他与经营活动有关的现金流出，金额较大的应当单独列示。

2. 投资活动产生的现金流量

（1）“收回投资收到的现金”项目，反映企业出售、转让或到期收回除现金等价物以外的对其他企业长期股权投资而收到的现金，但处置子公司及其他营业单位应收到的现金净额除外。

（2）“取得投资收益收到的现金”项目，反映企业除现金等价物以外的对其他企业的长期股权投资等分回的现金股利和利息等。

（3）“处置固定资产、无形资产和其他长期资产收回的现金净额”项目，反映企业出售、报废固定资产、无形资产和其他长期资产所取得的现金（包括因资产毁损而收到的保险赔偿收入），减去为处置这些资产而支付的有关费用后的净额。

（4）“处置子公司及其他营业单位应收到的现金净额”项目，反映企业处置子公司及其他营业单位所取得的现金，减去相关处置费用以及子公司及其他营业单位持有的现金和现金等价物后的净额。

（5）“购建固定资产、无形资产和其他长期资产支付的现金”项目，反映企业购买、建造固定资产、取得无形资产和其他长期资产所支付的现金（含增值税款等），以及用现金支付的应由在建工程和无形资产负担的职工薪酬。

（6）“投资支付的现金”项目，反映企业取得除现金等价物以外的对其他企业的长期股权投资所支付的现金以及支付的佣金、手续费等附加费用，但取得子公司及其他营业单位支付的现金净额除外。

（7）“取得子公司及其他营业单位支付的现金净额”项目，反映企业购买子公司及其他营业单位购买出价中以现金支付的部分，减去子公司及其他营业单位持有的现金和现金等价物后的净额。

（8）“收到其他与投资活动有关的现金”、“支付其他与投资活动有关的现金”项目，反映企业除上述（1）至（7）项项目外收到或支付的其他与投资活动有关的现金，金额较大的应当单独列示。

3. 筹资活动产生的现金流量

（1）“吸收投资收到的现金”项目，反映企业以发行股票、债券等方式筹集资金实际收到的款项，减去直接支付的佣金、手续费、宣传费、咨询费、印刷费等发行费用后的净额。

（2）“取得借款收到的现金”项目，反映企业举借各种短期、长期借款而收到的现金。

（3）“偿还债务支付的现金”项目，反映企业为偿还债务本金而支付的现金。

（4）“分配股利、利润或偿付利息支付的现金”项目，反映企业实际支付的现金股利、支付给其他投资单位的利润或用现金支付的借款利息、债券利息。

（5）“收到其他与筹资活动有关的现金”、“支付其他与筹资活动有关的现金”项目，反映企业除上述（1）至（4）项项目外收到或支付的其他与筹资活动有关的现金，金额较大的应当单独列示。

4. “汇率变动对现金及现金等价物的影响”项目，反映下列项目之间的差额

（1）企业外币现金流量折算为记账本位币时，采用现金流量发生日的即期汇率近似的汇率折算的金额（编制合并现金流量表时折算境外子公司的现金流量，应当比照处理）。

（2）企业外币现金及现金等价物净增加额按年末汇率折算的金额填列。

第五节　所有者权益变动表

一、所有者权益变动表的概念

所有者权益变动表，是指反映构成所有者权益各组成部分当期增减变动情况的报表。当期损益、直接所有者权益的利得和损失以及与所有者的资本交易导致的所有者权益的变动，应当分别列示。

二、所有者权益变动表的格式

在所有者权益变动表中，企业至少应当单独列示反映下列信息的项目：① 净利润；② 直接所有者权益的利得和损失项目及其总额；③ 会计政策变更和差错更正的累积影响金额；④ 所有者投入资本和向所有者分配利润等；⑤ 提取的盈余公积；⑥ 实收资本或股本、资本公积、盈余公积、未分配利润的期初和期末余额及其调节情况。所有者权益变动表的格式见表5－4。

表5－4　所有者权益变动表

（新会计准则适用一般企业）

编制单位：××公司　　××年度　　单位：元

项目	本年金额						上年金额					
	实收资本（或股本）	资本公积	减：库存股	盈余公积	未分配利润	所有者权益合计	实收资本（或股本）	资本公积	减：库存股	盈余公积	未分配利润	所有者权益合计
一、上年年末余额												
加：会计政策变更												
前期差错更正												
二、本年年初余额												
三、本年增减变动金额（减少以“－”号填列）												
（一）净利润												
（二）直接计入所有者权益的利得和损失												
1. 可供出售金融资产公允价值变动净额												
2. 权益法下被投资单位其他所有者权益变动的影响												
3. 与计入所有者权益项目相关的所得税影响												
4. 其他												
上述（一）和（二）小计												
（三）所有者投入和减少资本												

（续表）

项目	本年金额						上年金额					
	实收资本（或股本）	资本公积	减：库存股	盈余公积	未分配利润	所有者权益合计	实收资本（或股本）	资本公积	减：库存股	盈余公积	未分配利润	所有者权益合计
1. 所有者投入资本												
2. 股份支付计入所有者权益的金额												
3. 其他												
（四）利润分配												
1. 提取盈余公积												
2. 对所有者（或股东）的分配												
3. 其他												
（五）所有者权益内部结转												
1. 资本公积转增资本（或股本）												
2. 盈余公积转增资本（或股本）												
3. 盈余公积弥补亏损												
4. 其他												
四、本年年末余额												

三、所有者权益变动表的编制

1. “上年年末余额”项目

反映企业上年资产负债表中实收资本（或股本）、资本公积、库存股、盈余公积、未分配利润的年末余额。

2. “会计政策变更”、“前期差错更正”项目

这两个项目分别反映企业采用追溯调整法处理的会计政策变更的累积影响金额和采用追溯重述法处理的会计差错更正的累积影响金额。

3. “本年增减变动额”项目

（1）“净利润”项目，反映企业当年实现的净利润（或净亏损）金额。

（2）“直接所有者权益的利得和损失”项目，反映企业当年直接所有者权益的利得和损失金额。

①“可供出售金融资产公允价值变动净额”项目，反映企业持有的可供出售金融资产当年公允价值变动的金额。

②“权益法下被投资单位其他所有者权益变动的影响”项目，反映企业对按照权益法核算的长期股权投资，在被投资单位除当年实现的净损益以外其他所有者权益当年变动中应享有的份额。

③“与所有者权益项目相关的所得税影响”项目，反映企业根据《企业会计准则第18号——所得税》规定应计入所有者权益项目的当年所得税影响金额。

（3）“所有者投入和减少资本”项目，反映企业当年所有者投入的资本和减少的资本。

①“所有者投入资本”项目，反映企业接受投资者投入形成的实收资本（或股本）和资本溢价或股本溢价。

②“股份支付所有者权益的金额”项目，反映企业处于等待期中的权益结算的股份支付当年资本公积的金额。

（4）“利润分配”项目，反映企业当年的利润分配金额。

①“提取盈余公积”项目，反映企业按照规定提取的盈余公积。

②“对所有者（或股东）的分配”项目，反映对所有者（或股东）分配的利润（或股利）金额。

（5）“所有者权益内部结转”项目，反映企业构成所有者权益的组成部分之间的增减变动情况。

①“资本公积转增资本（或股本）”项目，反映企业以资本公积转增资本或股本的金额。

②“盈余公积转增资本（或股本）”项目，反映企业以盈余公积转增资本或股本的金额。

③“盈余公积弥补亏损”项目，反映企业以盈余公积弥补亏损的金额。

第六节　附注及说明书

一、会计报表附注的编写

会计报表附注是为了便于会计报表使用者理解会计报表的内容而对会计报表的编制基础、编制依据、编制原则和方法及主要项目等所做的解释，是对会计报表本身无法或难以充分表达的内容和项目所作的补充说明，是会计报表的重要组成部分。

企业的年度会计报表附注至少应披露如下内容（法律、行政法规和国家统一的会计制度另有规定的，从其规定）。

1. 不符合会计核算前提的说明

一般认为，会计假设是会计核算的前提条件，基于会计核算而编制的会计报表一般也是以基本会计假设为前提的。

由于公司所处的社会经济环境极其复杂，会计人员有必要对会计核算所处的变化不定的经济环境作出判断。只有规定了会计核算的前提条件，会计核算才得以正常进行下去，才能据以选择会计处理方法。

会计核算的基本前提，即基本会计假设，包括会计主体假设、持续经营假设、会计分期假设和货币计量假设等四项。

编制会计报表一般都以基本会计假设为前提，会计报表使用者不会有任何误解，所以在一般情况下不需要加以说明。但如果编制的会计报表未遵循基本会计假设，则必须予以说明，并解释这样做的理由。

2. 重要会计政策和会计估计的说明

《国际会计准则1——会计政策说明》中要求对会计政策的说明包括以下几种。

综合性会计政策：合并政策、外币核算、全面估价政策（历史成本、一般购买力、重置价值）、资产负债表日以后发生的事项、租赁、分期付款购买和有关利息、税务、长期合同、特许权。

资产：应收账款、存货（库存和在产品）和有关销货成本、应计折旧资产和折旧、生长中作物、开发用地及有关的开发费用、投资研究和开发费、专利权和商标权、商誉。

负债：预付保单、承诺事项和或有事项、退休金费用和退休办法、解职费及多余人员津贴。

损益：确认收入的方法、维护费、维修费和改良费，处理财产的损溢。

我国《企业会计制度》对会计报表附注中会计政策的说明基本上是依据《国际会计准则 1——会计政策说明》来制定的。

3. 重要会计政策和会计估计变更的说明，以及重大会计差错更正的说明

公司采用的会计政策应当前后一致，不应随意变动，以保持连续性，便于报表的使用者前后各期相互比较。若公司认为采用新政策能使公司会计报表中对事项或交易的编报更为恰当，则可以对以往采用的会计政策作出某些变更。

按照国际会计准则规定，如果会计政策对本期或已列报的以前各期有重大影响，或可能对以后期间有重大影响，则公司应披露如下内容：

（1）会计政策变更的内容和理由。

（2）会计政策变更的影响数。

（3）累积影响数不能合理确定的理由。

（4）会计估计变更的内容和理由。

（5）会计估计变更的影响数。

（6）会计估计变更的影响数不能合理确定的理由。

（7）重大会计差错的内容。

（8）重大会计差错的更正金额。

4. 或有事项的说明

在公司持续经营期，经营会产生一些或有事项。所谓或有是指公司的收益或损失并不确定，“或有或无”，只能在未来发生或不发生某个或某几个事件时，才能得到证实。比如公司现在正有一个未决诉讼，如果败诉，可能将赔款 100 万元，这就是或有事项。依据或有事项可能产生损失或收益，可相应产生或有负债及或有资产。公司在会计报表附注中对或有事项加以披露时，应当说明以下内容：或有事项的性质；影响或有事项未来结果的不确定因素；或有损失和或有收益的金额。如果无法估计或有损失和或有收益的金额，则应当说明不能作出估计的原因。

常见的或有负债的类型包括：

（1）已贴现商业承兑汇票形成的或有负债。

（2）未决诉讼、仲裁形成的或有负债。

（3）为其他单位提供债务担保形成的或有负债。

（4）其他或有负债（不包括极小可能导致经济利益流出企业的或有负

债）。

（5）或有负债预计产生的财务影响（如无法预计，应说明理由）。

（6）或有负债获得补偿的可能性。

5. 资产负债表日后事项的说明

资产负债表日后事项，是指自年度资产负债表日后至会计报表批准报出日之间发生的需要调整或说明的事项。资产负债表日后事项可分为两类：一是对资产负债表日存在的情况提供进一步证据的事项，可称为调整事项；二是资产负债表日后才发生的事项，可称为非调整事项。只有非调整事项才应在会计报表附注中加以说明。

资产负债表日后事项中的调整事项必须符合下列条件：在资产负债表日或以前已经存在，资产负债表日后得以证实的事项；对按资产负债表日存在状况编制的会计报表产生影响的事项。对于调整事项，不仅要调整会计报表上的有关数据，而且需作出有关的账务处理。

资产负债表日后新发生的事项，其事项不涉及资产负债表日存在状况，但如不加以说明，将会影响会计报表使用者作出正确的估计和决策，这类事项称为非调整事项。资产负债表日后的非调整事项必须符合下列条件：资产负债表日并不存在，完全是期后新发生的事项；对理解和分析会计报表有重大影响的事项。对于非调整事项，由于其对资产负债表日存在状况无关，故不应调整资产负债表日编制的会计报表，应在会计报表附注中说明事项的内容和对财务状况、经营成果的影响；如无法估计其影响，应当说明无法估计的理由。

6. 关联方关系及其交易的说明

关联方，国际会计准则中将其定义为“在财务或经营决策中，如果一方有能力控制另一方或对另一方施加重大影响，则认为他们是关联方。”

在企业与关联方没有发生交易的情况下，当关联方之间存在控制和被控制时，仍应在会计报表附注中披露关联方企业的经济性质、类型、名称、法定代表人、注册地、注册资本及其变化、企业的主营业务、所持股份或权益及其变化等；当存在共同控制、重大影响时，可以不披露关联方关系。

在企业与关联方发生了交易的情况下，无论是关联方之间是控制、共同控制还是重大影响，企业均应在说明关联方关系性质的同时，说明交易类型、交易的金额或相应比例、未结算项目的金额或相应比例、定价政策（包括没有金额或只有象征性金额的交易）等。

注意，关联方交易应分别关联方以及交易类型予以说明，类型相同的关联方交易，在不影响会计报表使用者正确理解的情况下可以合并说明。对于关联方交易价格的确定如果高于或低于一般交易价格的，应说明其价格的公允性。

7. 重要资产转让及其出售的说明

内容略。

8. 企业合并、分立的说明

内容略。

9. 会计报表重要项目的说明

（1）应收款项（不包括应收票据，下同）及计提坏账准备的方法。

本项内容说明坏账的确认标准，以及坏账准备的计提方法和计提比例，并重点说明如下事项：

本年度全额计提坏账准备，或计提坏账准备的比例较大的（计提比例一般超过40%及以上的，下同），应单独说明计提的比例及其理由。

以前年度已全额计提坏账准备，或计提坏账准备的比例较大的，但在本年度又全额或部分收回的，或通过重组等其他方式收回的，应说明其原因，原估计计提比例的理由，以及原估计计提比例的合理性。

对某些金额较大的应收款项不计提坏账准备，或计提坏账准备比例较低（一般为5%或低于5%）的理由。

本年度实际冲销的应收款项及其理由，其中，实际冲销的关联交易产生的应收款项应单独披露。

（2）存货核算方法。

本项内容说明存货分类、取得、发出、计价以及低值易耗品和包装物的摊销方法，计提存货跌价准备的方法以及存货可变现净值的确定依据。

（3）投资的核算方法。

本项内容说明当期发生的投资净损益，其中重大的投资净损益项目应单独说明；说明短期投资、长期股权投资和长期债权投资的期末余额，其中长期股权投资中属于对子公司、合营企业、联营企业投资的部分，应单独说明；说明当年提取的投资跌价或减值准备、投资的计价方法以及短期投资的期末市价；说明投资总额占净资产的比例；采用权益法核算时，还应说明投资企业与被投资单位会计政策的重大差异；说明投资变现及投资收益收回的重大限制；股权投资差额的摊销方法、债券投资溢价和折价的摊销方法以及长期投资减值准备的计提方法。

10. 所得税的会计处理方法

本项内容说明所得税的会计处理是采用应付税款法，还是采用纳税影响会计法；如果采用纳税影响会计法，应说明是采用递延法还是债务法。

11. 合并会计报表的说明

本项内容说明合并范围的确定原则。本年度合并报表范围如发生变更，企业应说明变更的内容、理由。

12. 有助于理解和分析会计报表需要说明的其他事项

内容略。

二、财务情况说明书的编写

财务情况说明书是对企业一定会计期间内生产经营、资金周转和利润实现及分配等情况的综合性说明，是财务会计报告的重要组成部分。它全面扼要地提供企业生产经营、财务活动情况，分析总结经营业绩和存在的不足，是财务报告使用者了解和考核有关单位生产经营和业务活动开展情况的重要资源。

企业（公司）的财务情况说明书必须按照《企业财务会计报告条例》和国家统一的会计制度制定，至少应当对以下情况作出真实、完整、清楚的说明。

1. 企业生产经营的基本情况

（1）企业主营业务范围和附属其他业务、纳入年度会计决算报表合并范围内的企业从事业务的行业分布情况；未纳入合并的应明确说明原因；企业人员、职工数量和专业素质的情况；报表编报口径说明。

（2）本年度生产经营情况，包括主要产品的产量、主营业务量、销售量（出口额、进口额）及同比增减量，在所处行业中的地位，如按销售额排列的名次；经营环境变化对企业生产销售（经营）的影响；营业范围的调整情况；新产品、新技术、新工艺开发及投入情况。

（3）开发、在建项目的预期进度及工程竣工决算情况。

（4）经营中出现的问题与困难，以及需要披露的其他业务情况与事项等。

2. 利润实现、分配及企业亏损情况

（1）主营业务收入的同比增减额及主要影响因素，包括销售量、销售价格、销售结构变动和新产品销售，以及影响销售量的滞销产品种类、库存数量等。

（2）成本费用变动的主要因素，包括原材料费用、能源费用、工资性支出、借款利率调整对利润增减的影响。

（3）其他业务收入、支出的增减变化，若其收入占主营业务收入10%

（含10%）以上的，则应按类别披露有关数据。

（4）同比影响其他收益的主要事项，包括投资收益，特别是长期投资损失的金额及原因；补贴收入各款项来源、金额、以及扣除补贴收入的利润情况；影响营业外收支的主要事项、金额。

（5）利润分配情况。

（6）利润表中的项目，如两个期间的数据变动幅度达30%（含30%）以上，且占报告期利润总额10%（含10%）以上的，应明确说明原因。

（7）会计政策变更的原因及其对利润总额的影响数额，会计估计变更对利润总额的影响数额。

（8）其他。

3. 资金增减和周转情况

（1）各项资产所占比重，应收账款、其他应收款、存货、长期投资等变化是否正常，增减原因；长期投资占所有者权益的比率及同比增减情况、原因；购买和处置子公司及其他营业单位的情况。

（2）资产损失情况，包括待处理财产损溢主要内容及其处理情况，按账龄分析三年以上的应收账款和其他应收款未收回原因及坏账处理办法，长期积压商品物资、不良长期投资等产生的原因及影响。

（3）流动负债与长期负债的比重，长期借款、短期借款、应付账款、其他应付款同比增加金额及原因；企业偿还债务的能力和财务风险状况；三年以上的应收账款和其他应付款金额、主要债权人及未付原因；逾期借款本金和未还利息情况。

（4）企业从事证券买卖、期货交易、房地产开发等业务占用资金和效益情况。

（5）企业债务重组事项及对本期损益的影响。

（6）资产、负债、所有者权益项日中，如两个期间的数据变动幅度达30%（含30%）以上，且占报告期资产总额5%（含5%）以上的，应明确说明原因。

4. 所有者权益增减变动情况

（1）会计处理追溯调整影响年初所有者权益（或股东权益）的变动情况，并应具体说明增减差额及原因。

（2）所有者权益（或股东权益）本年初与上年末因其他原因变动情况，并应具体说明增减差额及原因。

（3）国有权益客观增减情况及具体原因。

（4）企业国有资本保值增值的主要经营因素，以及资本公积转增资本的情况。

5. 对企业财务状况、经营成果和现金流量有重大影响的其他事项

内容略。

6. 对企业收支利润指标进行全面分析

从数据方面挖掘问题产生的原因，进而分析企业的经营情况，对存在的问题进行具体分析，并阐述新年度拟采取的改进管理和提高经营业绩的具体措施。

三、财务会计报告分析

企业财务会计报告分析的步骤和主要方法如下所述。

1. 报告分析目的

首先要明确财务报告分析的阅读对象，阅读对象不同，财务报告分析的内容也有所不同，即财务报告分析要有针对性。

2. 制定分析方案

财务报告分析首先要明确分析的范围，也就是你所分析的对象；其次，要开始搜集资料，搜集分析对象各个方面的资料；再次，要确定恰当的分析方法；最后，进行人员分工，确定各个部分分别由谁负责以及工作进度。

3. 搜集整理分析资料

这要求大家平时积累，积累信息对分析工作有重大意义，你信息越多，写出材料就越好，不仅对数据进行搜集，还要对环境数据（非财务数据，国家宏观政策，财政部制定并出台的相关政策）也要进行搜集。

4. 选择合理的分析方法

进行财务报表分析，最常用的方法是比较分析法、比率分析法、趋势分析法和因素分析法。

（1）比较分析法。

比较分析法是会计报表分析最常用，也是最基本的方法。它是通过主要项目或指标数值变化的对比，计算差异额，分析和判断企业财务状况及经营成果的一种方法。比较分析法有以下三种形式：

① 实际指标与计划指标比较。

与计划（或目标、定额）相比较，了解实际完成计划、定额的情况。

增减变动数量 = 本期实际指标 − 预算指标

② 本期指标与前期指标比较。

可以确定不同期间有关指标的增减变动情况，了解企业生产经营活动的发展趋势和管理工作的改进情况。

③ 本期指标与评价指标比较。

与国内外同行业先进水平或平均水平相比较，了解本企业与国内外同行业先进水平的差距。

（2）比率分析法。

比率分析法就是把某些彼此存在关联的项目加以对比，计算出比率，据以确定经济活动变动程度的分析方法。比率是相对数，采用这种方法，能够把某些条件下的不可比指标变为可以比较的指标，以利于分析。比率指标主要有以下三类：

① 相关比率。

相关比率是以某个项目与相互关联但性质又不相同的项目加以对比所得的比率，反映有关经济活动的相互关系。利用相关比率指标，可以考察有联系的相关业务安排得是否合理，以保障企业经济活动能够顺利进行。如将流动资产与流动负债加以对比，计算出流动比率，据以判断企业的短期偿债能力。

② 构成比率。

构成比率又称结构比率，它是某项经济指标的各个组成部分与总体的比率，反映部分与总体的关系。其计算公式为：

构成比率 = 某一组成部分数额 ÷ 总体数额

利用构成比率，可以考察总体中某个部分的形成和安排是否合理，以便协调各项财务活动。

③ 效率比率。

效率比率是某项经济活动中所费与所得的比率，反映投入与产出的关系。利用效率比率指标，可以进行得失比较，考察经营成果，评价经济效益。如将利润项目与销售成本、销售收入、资本等项目加以对比，可计算出成本利润率、销售利润率以及总资产报酬率等利润率指标，可以从不同角度分析比较企业获利能力的高低及其增减变化情况。

综上所述，比率分析法的优点是计算简便，计算结果容易判断，而且可以使某些指标在不同规模的企业之间进行比较，甚至也能在一定程度上超越行业之间的差别进行比较。但是采用这一方法时，应该注意以下三点：

① 对比项目的相关性。计算比率的分子和分母必须具有相关性，把不相

关的项目进行对比是没有意义的。在构成比率指标中，部分指标必须是总体指标这个大系统中的一个小系统；在效率比率指标中，投入与产出必须有因果关系；在相关比率指标中，两个对比指标也要有内在联系，才能评价有关经济活动之间是否协调均衡，安排是否合理。

② 对比口径的一致性。计算比率的分子和分母必须在计算时间、范围等方面保持口径一致。

③ 衡量标准的科学性。运用比率分析，需要选用一定的标准进行对比，以便对企业的财务状况作出评价。一般而言，科学合理的对比标准有以下几种。

历史标准：如上期实际、上年同期实际、历史先进水平以及有典型意义的时期实际水平等。

预定目标：如预算指标、设计指标、定额指标、理论指标等。

行业标准：如主管部门或行业协会颁布的技术标准、国内外同类企业的先进水平、国内外同类企业的平均水平等。

公认标准：包括国内公认标准和国际公认标准。

（3）趋势分析法。

趋势分析法是通过对财务报表中各类相关数字资料，将两期或多期连续的相同指标或比率进行定基对比和环比对比，得出它们的增减变动方向、数额和幅度，以揭示企业财务状况、经营情况和现金流量变化趋势的一种分析方法。其主要运用有以下三种。

① 重要财务指标的比较。

它是将不同时期财务报告中的相同指标或比率进行比较，直接观察其增减变动情况及变动幅度，考察其发展趋势，预测其发展前景。这种方式在统计学上称之为动态分析。它可以有两种方法来进行。

1）定基动态比率：即用某一时期的数值作为固定的基期指标数值，将其他的各期数值与其对比来分析。其计算公式为：

定基动态比率 = 分析期数值 ÷ 固定基期数值

例如：以 2010 年为固定基期，分析 2011 年、2012 年利润增长比率，假设某企业 2010 年的净利润为 100 万元，2011 年的净利润为 120 万元，2012 年的净利润为 150 万元。则：

2011 年的定基动态比率 = 120 ÷ 100 = 120%；

2012 年的定基动态比率 = 150 ÷ 100 = 150%。

2）环比动态比率：它是以每一分析期的前期数值为基期数值而计算出来的动态比率，其计算公式为：

环比动态比率 = 分析期数值 ÷ 前期数值

仍以上例资料举例，则：

2011 年的环比动态比率 = 120 ÷ 100 = 120%；

2012 年的环比动态比率 = 150 ÷ 120 = 125%。

② 会计报表的比较。

会计报表的比较是将连续数期的会计报表金额并列起来，比较其相同指标的增减变动金额和幅度，据以判断企业财务状况和经营成果发展变化的一种方法。运用该方法进行比较分析时，最好是既计算有关指标增减变动的绝对值，又计算其增减变动的相对值。这样可以有效地避免分析结果的片面性。

例如：某企业利润表中反映 2010 年的净利润为 50 万元，2011 年的净利润为 100 万元，2012 年的净利润为 160 万元。

通过绝对值分析：2011 年与 2010 年相比，净利润增长了 100 - 50 = 50（万元）；2012 年与 2011 年相比，净利润增长了 160 - 100 = 60（万元），说明 2012 年的效益增长好于 2011 年。

而通过相对值分析：2011 年与 2010 年相比净利润增长率为：（100 - 50）÷ 50 × 100% = 100%；2012 年较 2011 年相比净利润增长率为：（160 - 100）÷ 100 × 100% = 60%。则说明 2012 年的效益增长明显不及 2011 年。

③ 会计报表项目构成比较。

这种方式是在会计报表比较的基础上发展而来的，它是以会计报表中的某个总体指标为 100%，计算出其各组成项目占该总体指标的百分比，从而来比较各个项目百分比的增减变动，以此来判断有关财务活动的变化趋势。这种方式较前两种更能准确地分析企业财务活动的发展趋势。它既可用于同一企业不同时期财务状况的纵向比较，又可用于不同企业之间的横向比较。同时，这种方法还能消除不同时期（不同企业）之间业务规模差异的影响，有利于分析企业的耗费和盈利水平，但计算较为复杂。

（4）因素分析法。

因素分析法又称指数因素分析法，是利用统计指数体系分析现象总变动中各个因素影响程度的一种统计分析方法，包括连环替代法、差额分析法、指标分解法、定基替代法。

① 连环替代法。

连环替代法是将分析指标分解为各个可以计量的因素，并根据各个因素之间的依存关系，顺次用各因素的比较值（通常即实际值）替代基准值（通常为标准值或计划值），据以测定各因素对分析指标的影响。

例如：某一个财务指标及有关因素的关系由如下式子构成。

实际指标：$P_O = A_O \times B_O \times C_O$；

标准指标：$P_S = A_S \times B_S \times C_S$；

实际与标准的总差异为 $P_O - P_S$，$P_O - P_S$ 这一总差异同时受到 A、B、C 三个因素的影响，它们各自的影响程度可分别由以下式子计算求得：

A 因素变动的影响：$A_O \times B_S \times C_S - A_S \times B_S \times C_S$；

B 因素变动的影响；$A_O \times B_O \times C_S - A_O \times B_S \times C_S$；

C 因素变动的影响：$A_O \times B_O \times C_O - A_O \times B_O \times C_S$。

最后，可以将以上三大因素各自的影响数相加就应该等于总差异 $P_O - P_S$。

【例 5-1】 连环替代法应用举例

某企业 2012 年 9 月的资料如下，某种原材料费用的实际值是 9 240 元，而其计划值是 8 000 元。实际比计划增加 1 240 元。由于原材料费用是由产品产量、单位产品材料消耗用量和材料单价 3 个因素的乘积构成的，因此，可以将材料费用这一总指标分解为 3 个因素，然后逐个分析它们对材料费用总额的影响方向和程度。这 3 个因素的数值见表 5-5。

表 5-5 原材料的计划值与实际值的对比

项目	单位	计划值	实际值
产品产量	件	100	110
单位产品材料消耗量	千克	8	7
材料单价	元	10	12
材料费用总额	元	8 000	9 240

根据上表资料可知材料费用总额实际值较计划值增加了 1 240 元。运用连环替代法，可以计算各因素变动对材料费用总额的影响方向和程度如下。

（1）计划值 $=100 \times 8 \times 10 = 8\ 000$（元）；

（2）第一次替代（产品产量因素）$= 110 \times 8 \times 10 = 8\ 800$（元）；

（3）第二次替代（单位材料消耗量因素）$= 110 \times 7 \times 10 = 7\ 700$（元）；

（4）第三次替代（材料单价因素）$= 110 \times 7 \times 12 = 9\ 240$（元）。

由于产品产量增加对材料费用的影响为：

（2）－（1）$= 8\ 800 - 8\ 000 = 800$（元）。

由于单位产品材料消耗量节约对材料费用的影响为：

（3）－（2）$= 7\ 700 - 8\ 800 = -1\ 100$（元）。

由于材料单价提高对材料费用的影响为：

（4）－（3）=9 240－7 700=1 540（元）。

综合这3个因素对材料费用总额的影响为：

800－1 100+1 540=1 240（元）。

---

② 差额分析法

差额分析法是连环替代法的一种简化形式，是直接利用各因素的预算（计划）与实际的差异来按顺序计算，确定其变动对分析对象的影响程度。

例如，某一个财务指标及有关因素的关系由如下式子构成：

实际指标：$P_O = A_O \times B_O \times C_O$；

标准指标：$P_S = A_S \times B_S \times C_S$；

则可按下列步骤实现对各个因素变动对总括制表的影响程度。

$(A_O - A_S) \times B_S \times C_S \rightarrow$ A 变动对 P 的影响。

$A_O \times (B_O - B_S) \times C_S \rightarrow$ B 变动对 P 的影响。

$A_O \times B_O \times (C_O - C_S) \rightarrow$ C 变动对 P 的影响。

【例5－2】 差额分析法应用举例

接上例，运用差额分析法逐个分析产品产量、单位产品材料消耗量、材料单价3个因素对材料费用总额的影响方向和程度。

由于产品产量增加对材料费用的影响为：

（110－100）×8×10 = 800（元）。

由于单位产品材料消耗量节约对材料费用的影响为：

110×（7－8）×10 = －1 100（元）。

由于材料单价提高对材料费用的影响为：

110×7×（12－10）= 1 540（元）。

连环替代法和差额分析法得出的结论是一致的。

应用因素分析法时必须注意以下问题。

① 因素分析的关联性。

所确定的构成某项经济指标的各个因素，必须在客观上存在因果关系，这些因素要能反映所分析的经济指标发生差异的内在原因，否则计算结果不能说明问题。

② 因素替代的顺序性。

替代因素时，必须按照各个因素的依存关系，排列成一定的顺序并依次替代，不可随意颠倒，否则就会得出不同的计算结果。确定各个因素排列替代的顺序，应该考虑分析对象的经济性质，从诸因素的相互关系出发，并使分析结果有助于分清责任。

③ 顺序替代的连环性。

应用因素分析法在计算每一因素变动的影响时，都是在前一次计算的基础上进行的，并且采用连环比较的方法来确定因素变动影响的结果。因为只有保持计算程序上的连环性，才能使各个因素影响之和等于分析指标变动的差异，以全面说明分析指标变动的原因。

④ 计算结果的假定性。

应用因素分析法计算的各因素变动的影响数，会因替代顺序不同而有差别，因而计算结果不免带有假定性。即它只是在某种假定前提下的影响结果，离开了这种假定前提，可能就不会是这种影响结果。因此有关分析人员对分析计算的结果要紧密结合实际经济活动加以评价。

第七节　报表实战演练

一、资料

1. 甲股份有限公司 2010 年资产负债表

甲股份有限公司为一般纳税人，适用的增值税税率为 17%，所得税税率为 25%；原材料采用计划成本进行核算。该公司 2010 年 12 月 31 日的资产负债表见表 5 - 6。其中，“应收账款”科目的期末余额为 4 000 000 元，提取的坏账准备为 9 000 元。其他诸如存货、长期股权投资、固定资产、无形资产等资产都没有计提资产减值准备。

表5-6　2010年资产负债表

会企01表

编制单位：甲股份有限公司　　2010年12月31日　　单位：元

资产	金额	负债和所有者权益（或股东权益）	金额
流动资产：		流动负债：	
货币资金	14 063 000	短期借款	3 000 000
交易性金融资产	150 000	交易性金融负债	0
应收票据	2 460 000	应付票据	2 000 000
应收账款	3 991 000	应付账款	9 548 000
预付账款	1 000 000	预收账款	0
应收利息	0	应付职工薪酬	1 100 000
应收股利	0	应交税费	366 000
其他应收款	3 050 000	应付利息	0
存货	25 800 000	应付股利	0
一年内到期的非流动资产	0	其他应付款	500 000
其他流动资产	0	一年内到期的非流动负债	0
流动资产合计	50 514 000	其他流动负债	10 000 000
非流动资产：		流动负债合计	26 514 000
可供出售金额资产	0	非流动负债：	
持有至到期投资	0	长期借款	6 000 000
长期应收款	0	应付债券	0
长期股权投资	2 500 000	长期应付款	0
投资性房地产	0	专项应付款	0
固定资产	8 000 000	预计负债	0
在建工程	15 000 000	递延所得税负债	0
工程物资	0	其他非流动负债	0
固定资产清理	0	非流动负债合计	6 000 000
生产性生物资产	0	负债合计	32 514 000

（续表）

资产	金额	负债和所有者权益（或股东权益）	金额
油气资产	0	所有者权益（或股东权益）：	
无形资产	6 000 000	实收资本（或股本）	50 000 000
开发支出	0	资本公积	0
商誉	0	减：库存股	0
长期待摊费用	0	盈余公积	1 000 000
递延所得税资产	0	未分配利润	500 000
其他非流动资产	2 000 000	所有者权益（或股东权益）合计	51 500 000
非流动资产合计	33 500 000		
资产总计	84 014 000	负债和所有者权益（或股东权益）总计	84 014 000

2. 2011 年，甲股份有限公司共发生如下经济业务

（1）收到银行通知，用银行存款支付到期的商业承兑汇票 1 000 000 元。

（2）购入原材料一批，收到的增值税专用发票上注明的原材料价款为 1 500 000元，增值税进项税额为 255 000 元，款项已通过银行转账支付，材料尚未验收入库。

（3）收到原材料一批，实际成本为 1 000 000 元，计划成本为 950 000 元，材料已验收入库，货款已于上月支付。

（4）用银行汇票支付采购材料价款，公司收到开户银行转来银行汇票多余款收账通知，通知上填写的多余款为 2 340 元，购入材料及运费为 998 000 元，支付的增值税进项税额为 169 660 元，原材料已验收入库，该批原材料计划价格为 1 000 000 元。

（5）销售产品一批，开出的增值税专用发票上注明的销售价款为 3 000 000元，增值税销项税额为 510 000 元，货款尚未收到。该批产品实际成本为1 800 000元，产品已发出。

（6）公司将交易性金融资产（股票投资）兑现 165 000 元，该投资的成本为 130 000 元，公允价值变动为增值 20 000 元，投资收益为 15 000 元，均存入银行。

（7）购入不需安装的设备一台，收到的增值税专用发票上注明的设备价款为 854 700 元，增值税进项税额为 145 300 元，支付包装费、运费 10 000

元。价款及包装费、运费均以银行存款支付。设备已交付使用。（运费所包含的增值税忽略不计）

（8）购入工程物资一批，收到的增值税专用发票上注明的物资价款和增值税进项税额合计为1 500 000元，款项已通过银行转账支付。

（9）在建工程应付薪酬为2 280 000元（其中：职工薪酬为2 000 000元，职工福利费为280 000元）。

（10）一项工程完工，交付生产使用，已办理竣工手续，固定资产价值为14 000 000元。

（11）基本生产车间一台机床报废，原价2 000 000元，已提折旧1 800 000元，清理费用5 000元，残值收入8 000元，均通过银行存款收支。该项固定资产已清理完毕。

（12）从银行借入3年期借款10 000 000元，借款已存入银行账户。

（13）销售产品一批，开出的增值税专用发票上注明的销售价款为7 000 000元，增值税销项税额为1 190 000元，款项已存入银行。销售产品的实际成本为4 200 000元。

（14）公司将要到期的一张面值为2 000 000元的无息银行承兑汇票（不含增值税），连同解讫通知和进账单交银行办理转账。收到银行盖章退回的进账单一联。款项银行已收妥。

（15）公司出售一台不需用设备，收到价款3 000 000元，该设备原价4 000 000元，已提折旧1 500 000元。该项设备已由购入单位运走。

（16）取得交易性金融资产（股票投资），价款1 030 000元，交易费用20 000元，已用银行存款支付。

（17）支付工资5 000 000元，其中包括支付在建工程人员的工资2 000 000元。

（18）分配应支付的职工工资3 000 000元（不包括在建工程应负担的工资），其中生产人员薪酬2 750 000元，车间管理人员薪酬100 000元，行政管理部门人员薪酬150 000元。

（19）提取职工福利费420 000元（不包括在建工程应负担的福利费280 000元），其中生产工人福利费385 000元，车间管理人员福利费14 000元，行政管理部门福利费21 000元。

（20）基本生产领用原材料，计划成本为7 000 000元，领用低值易耗品，计划成本500 000元，采用一次摊销法摊销。

（21）结转领用原材料应分摊的材料成本差异。材料成本差异率为5%。

（22）计提无形资产摊销600 000元；以银行存款支付基本生产车间固定

资产修理费 900 000 元。

（23）计提固定资产折旧 1 000 000 元，其中计入制造费用 800 000 元、管理费用 200 000 元。计提固定资产减值准备 300 000 元。

（24）收到应收账款 510 000 元，存入银行。计提应收账款坏账准备 9 000 元。

（25）用银行存款支付产品展览费 100 000 元。

（26）计算并结转本期完 L 产品成本 12 824 000 元。没有期初在产品，本期生产的产品全部完工入库。

（27）广告费 100 000 元，已用银行存款支付。

（28）公司采用商业承兑汇票结算方式销售产品一批，开出的增值税专用发票上注明的销售价款为 2 500 000 元，增值税销项税额为 425 000 元，收到 2 925 000 元的商业承兑汇票一张，产品实际成本为 1 500 000 元。

（29）公司将上述承兑汇票到银行办理贴现，贴现息为 200 000 元。

（30）公司本期产品销售应交纳的教育费附加为 20 000 元。

（31）用银行存款交纳增值税 1 000 000 元；教育费附加 20 000 元。

（32）本期在建工程应负担的长期借款利息费用 2 000 000 元，长期借款为分期付息。

（33）提取应计入本期损益的长期借款利息费用 100 000 元，长期借款为分期付息。

（34）归还短期借款本金 2 500 000 元。

（35）支付长期借款利息 2 100 000 元。

（36）偿还长期借款 6 000 000 元。

（37）上年度销售产品一批，开出的增值税专用发票上注明的销售价款为 100 000 元，增值税销项税额为 17 000 元，购货方开出商业承兑汇票。本期由于购货方发生财务困难，无法按合同规定偿还债务，经双方协议，甲股份公司同意购货方用产品抵偿该应收票据。用于抵债的产品市价为 80 000 元，增值税税率为 17%。

（38）持有的交易性金融资产的公允价值为 1 050 000 元。

（39）结转本期产品销售成本 7 500 000 元。

（40）假设本例中，除计提固定资产减值准备 300 000 元造成固定资产账面价值与其计税基础存在差异外，不考虑其他项目的所得税费用影响。企业按照税法规定计算确定的应交所得税为 948 650 元，递延所得税资产为 75 000 元。

（41）将各收支科目结转本年净利润。

(42) 按照净利润的10%提取法定盈余公积金。

(43) 将利润分配各明细科目的余额转入"未分配利润"明细科目，结转本年利润。

(44) 用银行存款交纳当年应交所得税。

要求：编制甲股份有限公司2011年度经济业务的会计分录，并在此基础上编制资产负债表、利润表和现金流量表。

二、根据上述资料编制会计分录

(1) 借：应付票据	1 000 000	
贷：银行存款		1 000 000
(2) 借：材料采购	1 500 000	
应交税费——应交增值税（进项税额）	255 000	
贷：银行存款		1 755 000
(3) 借：原材料	950 000	
材料成本差异	50 000	
贷：材料采购		1 000 000
(4) 借：材料采购	998 000	
银行存款	2 340	
应交税费——应交增值税（进项税额）	169 660	
贷：其他货币资金		1 170 000
借：原材料	1 000 000	
贷：材料采购		998 000
材料成本差异		2 000
(5) 借：应收账款	3 510 000	
贷：主营业务收入		3 000 000
应交税费——应交增值税（销项税额）		510 000
(6) 借：银行存款	165 000	
贷：交易性金融资产——成本		130 000
——公允价值变动		20 000
投资收益		15 000
借：公允价值变动损益	20 000	
贷：投资收益		20 000
(7) 借：固定资产	864 700	
应交税费——应交增值税（进项税额）	145 300	

贷：银行存款		1 010 000
（8）借：工程物资	1 500 000	
贷：银行存款		1 500 000
（9）借：在建工程	2 280 000	
贷：应付职工薪酬		2 280 000
（10）借：固定资产	14 000 000	
贷：在建工程		14 000 000
（11）借：固定资产清理	200 000	
累计折旧	1 800 000	
贷：固定资产		2 000 000
借：固定资产清理	5 000	
贷：银行存款		5 000
借：银行存款	8 000	
贷：固定资产清理		8 000
借：营业外支出——处置固定资产净损失	197 000	
贷：固定资产清理		197 000
（12）借：银行存款	10 000 000	
贷：长期借款		10 000 000
（13）借：银行存款	8 190 000	
贷：主营业务收入		7 000 000
应交税费——应交增值税（销项税额）		1 190 000
（14）借：银行存款	2 000 000	
贷：应收票据		2 000 000
（15）借：固定资产清理	2 500 000	
累计折旧	1 500 000	
贷：固定资产		4 000 000
借：银行存款	3 000 000	
贷：固定资产清理		3 000 000
借：固定资产清理	500 000	
贷：营业外收入——处置固定资产净收益		500 000
（16）借：交易性金融资产	1 030 000	
投资收益	20 000	
贷：银行存款		1 050 000
（17）借：应付职工薪酬	5 000 000	

	贷：银行存款		5 000 000
（18）	借：生产成本	2 750 000	
	制造费用	100 000	
	管理费用	150 000	
	贷：应付职工薪酬		3 000 000
（19）	借：生产成本	385 000	
	制造费用	14 000	
	管理费用	21 000	
	贷：应付职工薪酬		420 000
（20）	借：生产成本	7 000 000	
	贷：原材料		7 000 000
	借：制造费用	500 000	
	贷：周转材料		500 000
（21）	借：生产成本	350 000	
	制造费用	25 000	
	贷：材料成本差异		375 000
（22）	借：管理费用——无形资产摊销	600 000	
	贷：累计摊销		600 000
	借：制造费用——固定资产修理费	900 000	
	贷：银行存款		900 000
（23）	借：制造费用——折旧费	800 000	
	管理费用——折旧费	200 000	
	贷：累计折旧		1 000 000
	借：资产减值损失——固定资产减值	300 000	
	贷：固定资产减值准备		300 000
（24）	借：银行存款	510 000	
	贷：应收账款		510 000
	借：资产减值损失——坏账准备	9 000	
	贷：坏账准备		9 000
（25）	借：销售费用——展览费	100 000	
	贷：银行存款		100 000
（26）	借：生产成本	2 339 000	
	贷：制造费用		2 339 000
	借：库存商品	12 824 000	

	贷：生产成本		1 282 4000
(27)	借：销售费用——广告费	100 000	
	贷：银行存款		100 000
(28)	借：应收票据	2 925 000	
	贷：主营业务收入		2 500 000
	应交税费——应交增值税（销项税额）		425 000
(29)	借：财务费用	200 000	
	银行存款	2 725 000	
	贷：应收票据		2 925 000
(30)	借：营业税金及附加	20 000	
	贷：应交税费——应交教育费附加		20 000
(31)	借：应交税费——应交增值税（已交税费）	1 000 000	
	——应交教育费附加	20 000	
	贷：银行存款		1 020 000
(32)	借：在建工程	2 000 000	
	贷：应付利息		2 000 000
(33)	借：财务费用	100 000	
	贷：应付利息		100 000
(34)	借：短期借款	2 500 000	
	贷：银行存款		2 500 000
(35)	借：应付利息	2 100 000	
	贷：银行存款		2 100 000
(36)	借：长期借款	6 000 000	
	贷：银行存款		6 000 000
(37)	借：库存商品	80 000	
	应交税费——应交增值税（进项税额）	13 600	
	营业外支出——债务重组损失	23 400	
	贷：应收票据		117 000
(38)	借：交易性金融资产——公允价值变动	20 000	
	贷：公允价值变动损益		20 000
(39)	借：主营业务成本	7 500 000	
	贷：库存商品		7 500 000
(40)	借：所得税费用——当期所得税费用	948 650	
	贷：应交税费——应交所得税		948 650

借：递延所得税资产　　75 000
　　贷：所得税费用——递延所得税费用　　75 000

（41）借：主营业务收入　　12 500 000
　　营业外收入　　500 000
　　投资收益　　15 000
　　贷：本年利润　　13 015 000

借：本年利润　　9 520 400
　　贷：主营业务成本　　7 500 000
　　　　营业税金及附加　　20 000
　　　　销售费用　　200 000
　　　　管理费用　　971 000
　　　　财务费用　　300 000
　　　　资产减值损失　　309 000
　　　　营业外支出　　220 400

借：本年利润　　873 650
　　贷：所得税费用　　873 650

（42）借：利润分配——提取法定盈余公积　　262 095
　　贷：盈余公积——法定盈余公积　　262 095

提取法定盈余公积数额 = （13 015 000 - 9 520 400 - 873 650）× 10% = 262 095（元）。

（43）借：利润分配——未分配利润　　262 095
　　贷：利润分配——提取法定盈余公积　　262 095

借：本年利润　　2 620 950
　　贷：利润分配——未分配利润　　2 620 950

（44）借：应交税费——应交所得税　　948 650
　　贷：银行存款　　948 650

三、编制资产负债表

根据年初资产负债表和上述会计分录编制年末资产负债表，见表 5 - 7。

表 5－7　2011 年资产负债表

会企 01 表

编制单位：甲股份有限公司　　　　2011 年 12 月 31 日　　　　单位：元

资产	年末余额	年初余额	负债和所有者权益（或股东权益）	年末余额	年初余额
流动资产：			流动负债：		
货币资金	14 504 690	14 063 000	短期借款	500 000	3 000 000
交易性金融资产	1 050 000	150 000	交易性金融负债	0	0
应收票据	343 000	2 460 000	应付票据	1 000 000	2 000 000
应收账款	6 982 000	3 991 000	应付账款	9 548 000	9 548 000
预付账款	1 000 000	1 000 000	预收账款	0	0
应收利息	0	0	应付职工薪酬	1 800 000	1 100 000
应收股利	0	0	应交税费	907 440	366 000
其他应收款	3 050 000	3 050 000	应付利息	0	0
存货	25 827 000	25 800 000	应付股利	0	0
一年内到期的非流动资产	0	0	其他应付款	500 000	500 000
其他流动资产	0	0	一年内到期的非流动负债	0	0
流动资产合计	52 756 690	50 514 000	其他流动负债	10 000 000	10 000 000
非流动资产：			流动负债合计	24 255 440	26 514 000
可供出售金额资产	0	0	非流动负债：		
持有至到期投资	0	0	长期借款	10 000 000	6 000 000
长期应收款	0	0	应付债券	0	0
长期股权投资	2 500 000	2 500 000	长期应付款	0	0
投资性房地产	0	0	专项应付款	0	0
固定资产	18 864 700	8 000 000	预计负债	0	0
在建工程	5 280 000	15 000 000	递延所得税负债	0	0
工程物资	1 500 000	0	其他非流动负债	0	0
固定资产清理	0	0	非流动负债合计	10 000 000	6 000 000

（续表）

资产	年末余额	年初余额	负债和所有者权益（或股东权益）	年末余额	年初余额
生产性生物资产	0	0	负债合计	34 255 440	32 514 000
油气资产	0	0	所有者权益（或股东权益）：		
无形资产	5 400 000	6 000 000	实收资本(或股本)	50 000 000	50 000 000
开发支出	0	0	资本公积	0	0
商誉	0	0	减：库存股	0	0
长期待摊费用	0	0	盈余公积	1 262 095	1 000 000
递延所得税资产	75 000	0	未分配利润	2 858 855	500 000
其他非流动资产	2 000 000	2 000 000	所有者权益（或股东权益）合计	54 120 950	51 500 000
非流动资产合计	35 619 700	33 500 000			
资产总计	88 376 390	84 014 000	负债和所有者权益（或股东权益）总计	88 376 390	84 014 000

注："应收账款"科目的年末余额为 7 000 000 元，"坏账准备"科目的年末余额为 18 000元。

四、编制年度利润表

（1）根据对前述业务的上述会计处理，甲股份有限公司 2011 年利润表科目本年累计发生额见表 5－8。

表 5－8 2011 年利润表科目本年累计发生额

单位：元

科目名称	借方发生额	贷方发生额
营业收入		12 500 000
营业成本	7 500 000	
营业税金及附加	20 000	
销售费用	200 000	
管理费用	971 000	
财务费用	300 000	
资产减值损失	309 000	

（续表）

科目名称	借方发生额	贷方发生额
投资收益		15 000
营业外收入		500 000
营业外支出	220 400	
所得税费用	873 650	

（2）根据本年相关科目发生额编制利润表，见表5－9。

表5－9　利润表

会企02表

编制单位：甲股份有限公司　　2011年度　　单位：元

项目	本期金额
一、营业收入	12 500 000
减：营业成本	7 500 000
营业税金及附加	20 000
销售费用	200 000
管理费用	971 000
财务费用	300 000
资产减值损失	309 000
加：公允价值变动收益（损失以“－”号填列）	0
投资收益（损失以“－”填列）	15 000
其中：对联营企业和合营企业的投资收益	0
二、营业利润（亏损以“－”号填列）	3 215 000
加：营业外收入	500 000
减：营业外支出	220 400
其中：非流动资产处置损失	197 000
三、利润总额（亏损总额以“－”号填列）	3 494 600
减：所得税费	873 650
四、净利润（净亏损以“－”填列）	2 620 950

五、编制年度现金流量表

沿用上述资料以及编制的资产负债表和利润表，采用工作底稿法编制现金流量表的具体步骤如下：

第一步：将资产负债表的年初余额和年末余额过入工作底稿的期初数栏和期末数栏。

第二步：对当期业务进行分析并编制调整分录。编制调整分录时，要以利润表项目为基础，从“营业收入”科目开始，结合资产负债表项目逐一进行分析。本例调整分录如下。

（1）分析调整营业收入：

借：经营活动现金流量——销售商品收到的现金　　13 742 000
　　应收账款　　3 000 000
　　贷：营业收入　　12 500 000
　　　　应收票据　　2 117 000
　　　　应交税费　　2 125 000

利润表中的营业收入是按权责发生制反映的，应转换为收付实现制。为此，应调整应收账款和应收票据的增减变动。本例中应收账款增加了3 000 000 元，增值税销项税额为2 125 000 元，相应地减少了经营活动产生的现金流量，而应收票据减少2 117 000 元均系货款，应增加经营活动产生的现金流量。

（2）分析调整营业成本：

借：营业成本　　7 500 000
　　应付票据　　1 000 000
　　应交税费　　538 560
　　存货　　27 000
　　贷：经营活动现金流量——购买商品支付的现金　　9 065 560

应付票据金额减少了1 000 000 元，表明本期用于购买存货的现金支出增加1 000 000 元；存货增加27 000 元，表明本期用于购买商品的现金支出增加了27 000 元。

（3）调整本年营业税金及附加：

借：营业税金及附加　　20 000
　　贷：应交税费　　20 000

本年支付的主营业务税金及附加。

（4）计算销售费用付现：

借：销售费用　　200 000
　　贷：经营活动现金流量——支付的其他与经营活动有关的现金
　　　　200 000

本例中利润表中所列销售费用与按现金制确认数相同。

（5）分析调整管理费用：

借：管理费用　971 000

　贷：经营活动现金流量——支付的其他与经营活动有关的现金　971 000

管理费用中包含着不涉及现金支出的项目，此笔分录先将管理费用全额转入“经营活动现金流量——支付的其他与经营活动有关的现金”项目中，至于不涉及现金支出的项目，再分别进行调整。

（6）分析调整财务费用：

借：财务费用　300 000

　贷：经营活动现金流量——销售商品收到的现金　200 000

　　筹资活动现金流量——偿付利息所支付的现金　100 000

本期增加的财务费用中有200 000元是票据贴现利息，由于在调整应收票据时已全额计人“经营活动现金流量——销售商品收到的现金”，所以要从“经营活动现金流量——销售商品收到的现金”项目内冲回，不能作为现金流出；支付长期借款利息100 000元，作为偿付利息所支付的现金。

（7）分析调整资产减值损失：

借：资产减值损失　309 000

　贷：坏账准备　9 000

　　固定资产减值准备　300 000

本期计提的坏账准备和固定资产减值准备影响净利润，但不影响现金流量。

（8）分析调整公允价值变动收益：

借：交易性金融资产　20 000

　贷：投资收益　20 000

本期发生的公允价值变动收益影响净利润，但不影响现金流量。资产负债表日，交易性金融资产公允价值增加20 000元。本期处置交易性金融资产，调整公允价值变动损益20 000元，转入投资收益。

（9）分析调整投资收益：

借：投资活动现金流量——收回投资所收到的现金　165 000

　交易性金融资产　1 030 000

　投资收益　5 000

　贷：交易性金融资产　150 000

　　投资活动现金流量——投资所支付的现金　1 050 000

投资收益应从利润表项目中调整出来，列入投资活动现金流量中。本例投资收益包括两个部分，一是购买交易性金融资产发生了20 000元的交易费用，二是出售交易性金融资产获利35 000元，其中20 000元已在分录（8）中调整。

（10）分析调整营业外收入：

借：投资活动现金流量——处置固定资产收到的现金　3 000 000
　　累计折旧　1 500 000
　　贷：营业外收入　500 000
　　　　固定资产　4 000 000

编制现金流量表时，需对营业外收入和支出进行分析，以列入现金流量表的不同部分。本例中营业外收入500 000元是处置固定资产的利得，处置过程中收到的现金应列入投资活动现金流量中。

（11）分析调整营业外支出：

借：营业外支出　197 000
　　投资活动现金流量——处置固定资产收到的现金　3 000
　　累计折旧　1 800 000
　　贷：固定资产　2 000 000

借：营业外支出　23 400
　　经营活动现金流量——购买商品支付的现金　93 600
　　贷：经营活动现金流量——销售商品收到的现金　117 000

本例中营业外支出220 400元是由两个部分组成：一部分营业外支出197 000元是处置固定资产的损失，处置过程中收到的现金应列入投资活动现金流量中；一部分营业外支出是债务重组损失，债务重组中增加存货和增值税进项税额93 600元，已经计入了“经营活动现金流量——购买商品支付的现金”，债务重组中减少的应收票据117 000元，也已经计入了“经营活动现金流量——销售商品收到的现金”，应作补充调整。

（12）分析调整所得税费用：

借：所得税费用　873 650
　　递延所得税资产　75 000
　　贷：应交税费　948 650

将利润表中的所得税费用调入应交税费。

（13）分析调整固定资产：

借：固定资产　14 864 700
　　贷：投资活动现金流量——购建固定资产支付的现金　864 700

在建工程 14 000 000

本期固定资产的增加包括两个部分，一是购入设备864 700元，二是在建工程完工转入14 000 000元。本期处置固定资产已在分录（11）中调整。

（14）分析调整累计折旧：

借：经营活动现金流量——支付的其他与经营活动有关的现金 200 000

——购买商品支付的现金 800 000

贷：累计折旧 1 000 000

本期计提的折旧1 000 000元中，计入管理费用的200 000元，计入制造费用的800 000元，基于和第（13）笔分录同样的理由，应作补充调整。

（15）分析调整在建工程：

借：在建工程 4 280 000

工程物资 1 500 000

贷：投资活动现金流量——购建固定资产支付的现金 3 500 000

筹资活动现金流量——偿付利息支付的现金 2 000 000

应付职工薪酬 280 000

本期在建工程增加的原因，包括以下几个方面：一是以现金购买工程物资1 500 000元及支付工资2 000 000元；二是支付的长期借款利息2 000 000元，资本化到在建工程成本中；三是为建造工人计提的福利费280 000元，资本化到在建工程成本中。

（16）分析调整累计摊销：

借：经营活动现金流量——支付的其他与经营活动有关的现金 600 000

贷：累计摊销 600 000

无形资产摊销时已计入管理费用，所以应作补充调整。理由同第（13）笔分录。

（17）分析调整短期借款：

借：短期借款 2 500 000

贷：筹资活动现金流量——偿还债务所支付的现金 2 500 000

偿还短期借款应列入筹资活动的现金流量。

（18）分析调整应付职工薪酬：

借：经营活动现金流量——购买商品支付的现金 3 249 000

——支付的其他与经营活动有关的现金 171 000

贷：经营活动现金流量——支付给职工以及为职工支付的现金 3 000 000

应付职工薪酬 420 000

本期应付职工薪酬的期末期初差额为700 000元，由计提的职工福利费构成，包括在建工程应负担的职工福利费280 000元，已在分录（11）中调整，以及为生产人员和管理人员计提的福利费420 000元。本例中并没有出现使用应付福利费的情况。若本期使用了应付福利费，则应将这部分金额列入“经营活动现金流量——支付给职工以及为职工支付的现金”项目中。上述分录中，由于工资费用分配时已分别计入制造费用和管理费用，所以要补充调整。

（19）分析调整应交税费：

借：应交税费 1 968 650

贷：经营活动现金流量——支付的各项税费 1 968 650

本期支付的各项税费包括营业税金及附加20 000元、已交增值税1 000 000元，以及已交所得税948 650元。为便于分析，企业在日常核算中，应按应交税费的税种分设明细账，以便取得分析所需的数据。

（20）分析调整长期借款：

借：长期借款 6 000 000

贷：筹资活动现金流量——偿还债务所支付的现金 6 000 000

以现金偿还长期借款。

借：筹资活动现金流量——借款所收到的现金 10 000 000

贷：长期借款 10 000 000

举借长期借款。

（21）结转净利润：

借：净利润 2 620 950

贷：未分配利润 2 620 950

（22）提取盈余公积：

借：未分配利润 262 095

贷：盈余公积 262 095

（23）最后调整现金净变化额：

借：现金 441 690

贷：现金净增加额 441 690

第三步：将调整分录过入工作底稿的相应部分，见表5－10。

表 5-10　现金流量表工作底稿

项目	期初数	调整分录		期末数
		借方	贷方	
一、资产负债表项目				
借方项目：				
货币资金	14 063 000	（23）441 690		14 504 690
交易性金融资产	150 000	（8）20 000 （9）880 000		1 050 000
应收票据	2 460 000		（1）2 117 000	343 000
应收账款	4 000 000	（1）3 000 000		7 000 000
预付账款	1 000 000			1 000 000
应收股利				
应收利息				
其他应收款	3 050 000			3 050 000
存货	25 800 000	（2）27 000		25 827 000
一年内到期的非流动资产				
其他流动资产				
可供出售金融资产				
持有至到期投资				
长期应收款				
长期股权投资	2 500 000			2 500 000
投资性房地产				
固定资产	11 000 000	（13）14 864 700	（10）4 000 000 （11）2 000 000	19 864 700
在建工程	15 000 000	（15）4 280 000	（13）14 000 000	5 280 000
工程物资		（15）1 500 000		1 500 000
固定资产清理				
无形资产	6 000 000			6 000 000

（续表）

项目	期初数	调整分录		期末数
		借方	贷方	
开发支出				
商誉				
长期待摊费用				
递延所得税资产		（12）75 000		75 000
其他非流动资产	2 000 000			2 000 000
借方项目合计				89 994 390
贷方项目：				
坏账准备	9 000		（7）9 000	18 000
累计折旧	3 000 000	（10）1 500 000 （11）1 800 000	（14）1 000 000	700 000
累计摊销			（16）600 000	600 000
固定资产减值准备			（7）300 000	300 000
短期借款	3 000 000	（17）2 500 000		500 000
应付票据	2 000 000	（2）1 000 000		1 000 000
应付账款	9 548 000			9 548 000
预收账款				
应付职工薪酬	1 100 000		（15）280 000 （18）420 000	1 800 000
应交税费	366 000	（2）583 560 （19）1 968 650	（1）2 125 000 （3）20 000 （12）948 650	907 440
应付利息				
应付股利				
其他应付款	500 000			500 000
其他流动负债	10 000 000			10 000 000
长期借款	6 000 000	（20）6 000 000	（20）10 000 000	10 000 000

（续表）

项目	期初数	调整分录		期末数
		借方	贷方	
应付债券				
长期应付款				
专项应付款				
递延所得税负债				
其他非流动负债				
实收资本（或股本）	50 000 000			50 000 000
资本公积				
盈余公积	1 000 000		（22）262 095	1 262 095
未分配利润	500 000	（22）262 095	（21）2 620 950	2 858 855
减：库存股				
贷方项目合计				89 994 390
二、利润表项目				
营业收入			（1）12 500 000	12 500 000
营业成本		（2）7 500 000		7 500 000
营业税金及附加		（3）20 000		20 000
销售费用		（4）200 000		200 000
管理费用		（5）971 000		971 000
财务费用		（6）300 000		300 000
资产减值损失		（7）309 000		309 000
公允价值变动收益（损失以“－”号填列）				
投资收益（损失以“－”号填列）		（9）5 000	（8）20 000	15 000
营业外收入			（10）500 000	500 000
营业外支出		（11）220 400		220 400
所得税费用		（12）873 650		873 650

（续表）

项目	期初数	调整分录		期末数
		借方	贷方	
净利润（净亏损以“-”号填列）		（21）2 620 950		2 620 950
三、现金流量表项目				
（一）经营活动产生的现金流量：				
销售商品、提供劳务收到的现金		（1）13 742 000	（6）200 000 （11）117 000	13 425 000
收到的税费返还				
收到其他与经营活动有关的现金				
经营活动现金流入小计				13 425 000
购买商品、接受劳务支付的现金		（11）93 600 （14）800 000 （18）3 249 000	（2）9 110 560	4 967 960
支付给职工以及为职工支付的现金			（18）3 000 000	3 000 000
支付的各项税费			（19）1 968 650	1 968 650
支付其他与经营活动有关的现金		（14）200 000 （16）600 000 （18）171 000	（4）200 000 （5）971 000	200 000
经营活动现金流出小计				10 136 610
经营活动产生的现金流量净额				3 288 390
（二）投资活动产生的现金流量：				

（续表）

项目	期初数	调整分录		期末数
		借方	贷方	
收回投资收到的现金		（9）165 000		165 000
取得投资收益收到的现金				
处置固定资产、无形资产和其他长期资产收回的现金净额		（10）3 000 000 （11）3 000		3 003 000
处置子公司及其他营业单位收到的现金净额				
收到其他与投资活动有关的现金				
投资活动现金流入小计				3 168 000
构建固定资产、无形资产和其他长期资产支付的现金			（13）864 700 （15）3 500 000	4 364 700
投资支付的现金			（9）1 050 000	1 050 000
取得子公司及其他营业单位支付的现金净额				
支付其他与投资活动有关的现金				
投资活动现金流出小计				5 414 700
投资活动产生的现金流量净额				−2 246 700
（三）筹资活动产生的现金流量：				

（续表）

项目	期初数	调整分录		期末数
		借方	贷方	
吸收投资收到的现金				
取得借款收到的现金		（20）10 000 000		10 000 000
收到其他与筹资活动有关的现金				
筹资活动现金流入小计				10 000 000
偿还债务支付的现金			（17）2 500 000 （20）6 000 000	8 500 000
分配股利、利润或偿付利息支付的现金			（6）100 000 （15）2 000 000	2 100 000
支付其他与筹资活动有关的现金				
筹资活动现金流出小计				10 600 000
筹资活动产生的现金流量净额				-600 000
四、汇率变动对现金等价物的影响				
五、现金及现金等价物净增加额			（23）441 690	4 41 690
调整分录借贷合计		85 746 295	85 746 295	

第四步：核对调整分录，借方、贷方合计数均已经相等，资产负债表项目年初余额加减调整分录中的借贷金额以后，也已等于期末数。

第五步：根据工作底稿中的现金流量表项目部分编制正式的现金流量表，见表5-11。

表 5-11 现金流量表

会企 03 表

编制单位：甲股份有限公司　　2011 年度　　单位：元

项目	本期金额
一、经营活动产生的现金流：	
销售商品、提供劳务收到的现金	13 425 000
收到的税费返还	0
收到其他与经营活动有关的现金	0
经营活动现金流入小计	13 425 000
购买商品、接受劳务支付的现金	4 967 960
支付给职工以及为职工支付的现金	3 000 000
支付的各项税费	1 968 650
支付其他与经营活动有关的现金	200 000
经营活动现金流出小计	10 136 610
经营活动产生的现金流量净额	3 288 390
二、投资活动产生的现金流量：	
收回投资收到的现金	165 000
取得投资收益收到的现金	0
处置固定资产、无形资产和其他长期资产收回的现金净额	3 003 000
处置子公司及其他营业单位收到的现金净额	
收到其他与投资活动有关的现金	0
投资活动现金流入小计	3 168 000
构建固定资产、无形资产和其他长期资产支付的现金	4 364 700
投资支付的现金	1 050 000
取得子公司及其他营业单位支付的现金净额	
支付其他与投资活动有关的现金	0
投资活动现金流出小计	5 414 700
投资活动产生的现金流量净额	-2 246 700
三、筹资活动产生的现金流量：	
吸收投资收到的现金	0

（续表）

项目	本期金额
取得借款收到的现金	10 000 000
收到其他与筹资活动有关的现金	0
筹资活动现金流入小计	10 000 000
偿还债务支付的现金	8 500 000
分配股利、利润或偿付利息支付的现金	2 100 000
支付其他与筹资活动有关的现金	0
筹资活动现金流出小计	10 600 000
筹资活动产生的现金流量净额	－600 000
四、汇率变动对现金及现金等价物的影响	0
五、现金及现金等价物净增加额	441 690
加：期初现金及现金等价物余额	14 063 000
六、期末现金及现金等价物余额	14 504 690

第六章

纳税知识知多少？——报税

内容概览

在美国流传着这样一种说法：“只有税收和死亡是不可避免的。”当然，这句貌似说笑的话中也道出了这样的道理，即在现代经济生活中，税收是每个人、每个企业都将面对的问题。

作为企业的会计人员，对于税收的知识当然是应该有所了解的，因为在其工作中可能涉及到税务登记、纳税申报、税款缴纳以及发票的领购及保管等内容。

通过本章的学习，您将对报税的相关知识有全面的了解，在实务工作中运用起来将会更加得心应手。

第一节　企业应纳税的种类

我国目前征收的主要税种有20余种，这些税种按照征税对象的不同，大体可以分为以下的五个类别，见表6－1。

表6－1　我国税种的主要类别

主要类别	概念	包含的具体税种
流转税类	针对商品、劳务的交易额征收的税种	增值税、消费税、营业税、关税
资源税类	因开发和利用自然资源而缴纳的税种	资源税、城镇土地使用税
所得税类	针对个人、企业取得的净收入而征收的税种	个人所得税、企业所得税

（续表）

主要类别	概念	包含的具体税种
特定目的税类	具有特别征收目的的税种	城市维护建设税、土地增值税、车辆购置税、耕地占用税
财产和行为税类	针对某些特定的行为、财产征收的税种	房产税、城市房地产税、车船使用税、车船使用牌照税、印花税、契税

下面介绍几个与企业关系较密切的税种。

1. 增值税

以从事销售货物或者提供加工、修理修配劳务以及进口货物的单位和个人取得的增值额为课税对象征收的一种税。

2. 消费税

消费税指对在我国境内从事生产、委托加工和进口应税消费品的单位和个人征收的一种税。

3. 营业税

营业税指对在我国境内提供应税劳务、转让无形资产或者销售不动产的单位和个人征收的一种税。

4. 关税

关税指海关依法对进出境货物、物品所征收的一种税。

5. 企业所得税

企业所得税指对在我国境内从事生产、经营的企业，就其生产、经营所得和其他所得征收的一种税。

6. 城市维护建设税

城市维护建设税是对从事工商经营，缴纳增值税、消费税、营业税的单位和个人征收的一种税。

7. 教育费附加税

指对缴纳增值税、消费税、营业税的单位和个人，就其实际缴纳的税额为计算依据征收的一种附加费。

8. 房产税

房产税是以房屋为征税对象，按房屋的计税余值或租金收入为计税依据，向产权所有人征收的一种财产税。

9. 车船税

车船税是对在中华人民共和国境内车辆、船舶的所有人或者管理人征收的一种税。

10. 印花税

印花税是对经济活动和经济交往中书立、领受的应税经济凭证所征收的一种税。因纳税人主要是通过在应税凭证上粘贴印花税票来完成纳税义务，故名印花税。

第二节　税务登记、纳税申报及征收

一、税务登记

当一家企业设立时，或者开业之后经营项目发生变化时、或者停业撤销时，企业都需要做的一项工作，就是要向主管的税务机关办理税务登记。

1. 税务登记的类别

税务登记是指纳税人为依法履行纳税义务就有关纳税事宜依法向税务机关办理登记的一种法定手续，它是整个税收征收管理的首要环节，税务登记的目的就是为了使国家税务机关及时掌握纳税人生产经营的基本状况。税务登记的种类分三种，如图 6－1 所示。

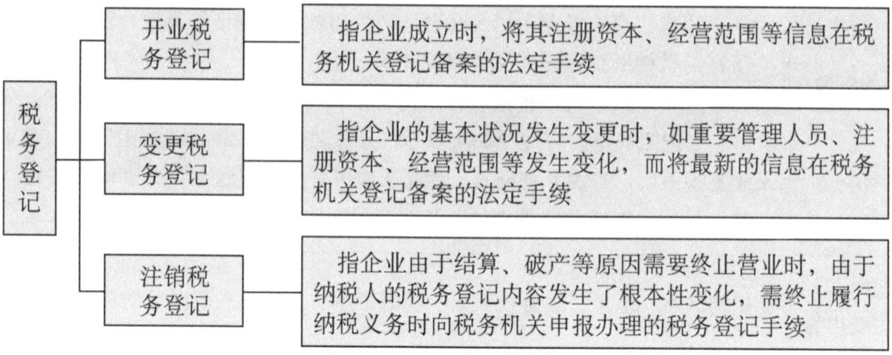

图 6－1　税务登记的种类

2. 开业税务登记

办理税务登记，首先要清楚本企业需要办理的税务登记的类型，其次要清楚去哪些部门办理税务登记，最后就是要明白需要准备哪些资料文件。以下是开业税务登记的基本要求，见表6-2。

表6-2　开业税务登记的基本要求

项目	内容
时间要求	（1）从事生产、经营的纳税人应当自领取营业执照之日起30日内，主动依法向国家税务机关申报办理登记； （2）按照规定不需要领取营业执照的纳税人，应当自有关部门批准之日起30日内或者自发生纳税义务之日起30日内，主动依法向主管国家税务机关申报办理税务登记
地点要求	（1）纳税企业和事业单位向当地主管国家税务机关申报办理税务登记； （2）纳税企业和事业单位跨县（市）、区设立的分支机构和从事生产经营的场所，除总机构向当地主管国家税务机关申报办理税务登记外，分支机构还应当向其所在地主管国家税务机关申报办理税务登记； （3）有固定生产经营场所的个体工商户向经营地主管国家税务机关申报办理税务登记；流动经营的个体工商户，向户籍所在地主管国家税务机关申报办理税务登记； （4）未领取营业执照从事承包、租赁经营的纳税人，向经营地主管国家税务机关申报办理税务登记
需提供的资料	（1）营业执照； （2）有关章程、合同、协议书； （3）银行账号证明； （4）法定代表人或业主居民身份证、护照或者回乡证等其他合法证件； （5）总机构所在地国家税务机关证明； （6）如实填报的税务登记表，纳税人领取税务登记表或者注册税务登记表后，应当按照规定内容逐项如实填写，并加盖企业印章，经法定代表人签字或业主签字后，将税务登记表或者注册税务登记表报送主管国家税务机关； （7）国家税务机关要求提供的其他有关证件、资料
登记的主要内容	机构名称、地址、法定代表人、注册资本、主要业务范围、财务负责人等
其他注意事项	纳税人报送的税务登记表和提供的有关证件、资料，经主管国家税务机关审核后，可向主管国家税务机关领取税务登记证

3．变更税务登记

办理变更税务登记的基本要求见表6－3。

表6－3　办理变更税务登记的基本要求

项目	内容
需要办理的情形	纳税人改变名称、法定代表人或者业主姓名、经济类型、经济性质、住所或者经营地点（指不涉及改变主管国家税务机关）、生产经营范围、经营方式、开户银行及账号等内容的，需要办理变更税务登记
时间要求	应当自工商行政管理机关办理变更登记之日起30日内，持有关证件向原主管国家税务机关提出变更登记书面申请报告
需提供的资料	（1）营业执照； （2）变更登记的有关证明文件； （3）国家税务机关发放的原税务登记证件（包括税务登记证及其副本、税务登记表等）； （4）其他有关证件

4．注销税务登记

办理注销税务登记的基本要求见表6－4。

表6－4　办理注销税务登记的基本要求

项目	内容
需要办理的情形	（1）纳税人发生破产、解散、撤销以及其他依法应当终止履行纳税义务的； （2）纳税人因变动经营地点、住所而涉及改变主管国家税务机关的； （3）纳税人被工商行政管理机关吊销营业执照的
时间要求	向工商行政管理机关办理注销登记前，或自营业执照被吊销之日起15日内
受理的税务机关	向原主管国家税务机关办理注销税务登记

二、纳税申报

1．纳税申报的概念

在一个纳税期限（一般是一个月）结束之后，企业需要将纳税期限内的业务经营情况、应纳税款的情况等信息以书面的形式进行汇报，这也就是纳税申报。纳税申报并不是缴纳税款，只是将纳税的信息向国家税务机关进行申报。纳税申报的主要形式有四种，如图 6－2 所示。

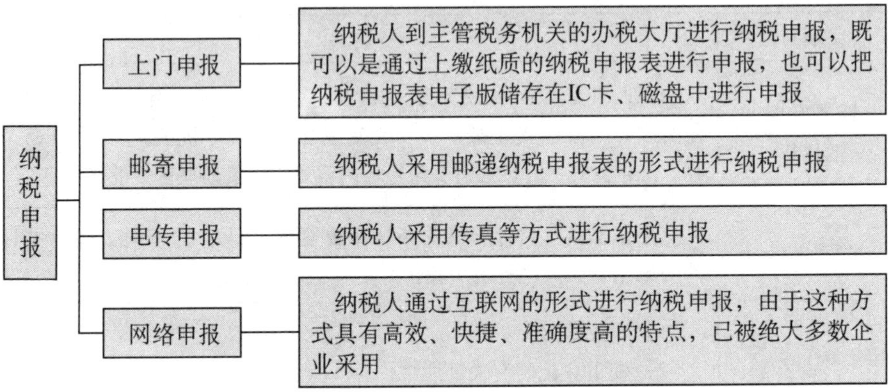

图 6－2　纳税申报的主要形式

2. 办理纳税申报的基本要求

纳税申报的基本要求见表 6－5。

表 6－5　纳税申报的基本要求

项目	内容
纳税申报的对象	凡取得应纳税收入、负有纳税义务的单位或个人，均应该进行纳税申报
纳税申报的期限	各税种的要求不同，凡以 1 个月为一期纳税的，于期满后 10 日内申报
违反纳税申报规定的法律责任	纳税人未按照规定的期限办理纳税申报的，或者扣缴义务人、代征人未按照规定的期限向国家税务机关报送代扣代缴、代收代缴税款报告表的，由国家税务机关责令限期改正，可以处以 2 000 元以下的罚款；逾期不改正的，可以处以 2 000 元以上 10 000 元以下的罚款

3. 纳税期限

各税种纳税期限的规定见表 6－6。

表 6-6　纳税期限的规定

税种	期限规定
增值税	纳税期限可以为 1 日、3 日、5 日、10 日、15 日或者 1 个月；由主管税务机关根据纳税人应纳税额的大小核定具体纳税期限；不能按照固定期限纳税的，可以按次纳税。 以 1 个月为一期纳税的，自期满之日起 10 日内申报纳税；以 1 日、3 日、5 日、10 日或者 15 日为一期纳税的，自期满之日起 5 日内预缴税款，于次月 1 日起 10 日内申报纳税并结清上月应纳税款；纳税人进口货物，应当自海关填发税款缴纳证的次日起 14 日内缴纳
消费税	消费税的纳税期限分别为 1 日、3 日、5 日、10 日、15 日或者 1 个月。纳税人的具体纳税期限，由主管税务机关根据纳税人应纳税额的大小分别核定，不能按照固定期限纳税，可以按次纳税。 以 1 个月为一期纳税的，自期满之日起 15 日内申报纳税，于次月 1 日起 10 日内申报纳税并结清上月应纳税款；以 1 日、3 日、5 日、10 日，或者 15 日为一期，自期满之日起 5 日内预缴税款，于次月 1 日起 10 日内申报纳税并结清上月应纳税款；进口应税消费品，应当自海关填发税款缴纳证的次日起 14 日内缴纳税款
营业税	营业税纳税期限，由主管税务机关依纳税人应纳税款大小分别核定为 5 日、10 日、15 日或 1 个月，不能按期纳税的，可按次纳税。 以 1 个月为一期的纳税人，于期满后 10 日内申报纳税；以 5 日、10 日或 15 日为一期的纳税人，自期满后的 5 日内预缴税款，于次月 1 日起 10 日内申报纳税并结清上月应纳税款
关税	纳税义务人或他们的代理人应在海关填发税款缴纳证之日起 15 日内，向指定银行缴纳，并由当地银行解缴中央金库
企业所得税	每月（季度）预交税款的期限，自月份或者季度终了之日起 15 日内，向税务机关报送预缴企业所得税纳税申报表，预缴税款；年度汇算清缴，自年度终了之日起五个月内，向税务机关报送年度企业所得税纳税申报表，并汇算清缴，结清应缴应退税款；年度中间终止经营活动的，应当自实际经营终止之日起 60 日内，向税务机关办理当期企业所得税汇算清缴；企业办理注销登记，在办理注销登记前，就其清算所得向税务机关申报并依法缴纳企业所得税

（续表）

税种	期限规定
城市维护建设税与教育费附加	纳税义务发生时间与“三税”（增值税、消费税、营业税）相同。纳税期限分别与“三税”的纳税期限一致
房产税	实行按年计算、分期缴纳的征收办法，具体缴纳期限由省、自治区、直辖市人民政府决定
车船税	实行按年计算、分期缴纳的征收办法，具体缴纳期限由省、自治区、直辖市人民政府决定
印花税	汇总缴纳的期限和限额由当地税务机关确定，但最长期限不能超过1个月

对于延期纳税，现行《税收征收管理法》明确规定，纳税人因有特殊困难，不能按期缴纳税款的，经省、自治区、直辖市国家税务局、地方税务局或者其授权的县税务局（分局）批准，可以延期缴纳税款，但最长不能超过3个月（关税是6个月）。

三、税款征收

税款征收是指税务机关依照法律、行政法规的规定将纳税人应纳的税款组织入库的一系列活动的总称，是税收征收管理工作中的中心环节。

1. 税款征收的方式

（1）查账征收。

查账征收是指税务机关对账务健全的纳税人，依据其报送的纳税申报表、财务会计报表和其他有关纳税资料，计算应纳税款，填写缴款书或完税证，由纳税人到银行划解税款的征收方式。

（2）查定征收。

查定征收是指对账务不全，但能控制其材料、产量或进销货物的纳税单位或个人，由税务机关依据正常条件下的生产能力对其生产的应税产品查定产量、销售额并据以征收税款的征收方式。

（3）查验征收。

查验征收是指税务机关对纳税人的应税商品、产品，通过查验数量，按市场一般销售单价计算其销售收入，并据以计算应纳税款的一种征收方式。

（4）定期定额征收。

定期定额征收是指对小型个体工商户采取定期确定营业额、利润额并据以核定应纳税额的一种征收方式。

（5）代扣代缴。

代扣代缴是指按照税法规定，负有扣缴税款义务的单位和个人，负责对纳税人应纳的税款进行代扣代缴的一种方式。即由支付人在向纳税人支付款项时，从所支付的款项中依法直接扣收税款并代为缴纳。

（6）代收代缴。

代收代缴是指按照税法规定，负有收缴税款义务的单位和个人，负责对纳税人应纳的税款进行代收代缴的一种方式。即由与纳税人有经济业务往来的单位和个人在向纳税人收取款项时依法收取税款。

（7）委托代征。

委托代征是指受委托的有关单位按照税务机关核发的代征证书的要求，以税务机关的名义向纳税人征收零散税款的一种征收方式。

2. 税款征收的措施

（1）由主管税务机关调整应纳税额。

纳税人有下列情形之一的，税务机关有权核定其应纳税额：

① 依照法律行政法规的规定可以不设置账簿的；② 依照法律、行政法规的规定应当设置但未设置账簿的；③ 擅自销毁账簿或者拒不提供纳税资料的；④ 虽设置账簿，但账目混乱或者成本资料、收入凭证、费用凭证残缺不全，难以查账的；⑤ 发生纳税义务，未按照规定的期限办理纳税申报，经税务机关责令限期申报，逾期仍不申报的；⑥ 纳税人申报的计税依据明显偏低，又无正当理由的。

（2）关联企业纳税调整。

纳税人与关联企业业务往来时，应当按照独立企业之间的业务往来收取或者支付价款、费用；不按照独立企业之间的业务往来收取或者支付价款、费用，而减少其应纳税的收入或者所得额的，税务机关有权进行合理调整。

（3）责令缴纳。

对未按照规定办理税务登记的从事生产、经营的纳税人以及临时从事经营的纳税人，由税务机关核定其应纳税额，责令缴纳；不缴纳的，税务机关可以扣押其价值相当于应纳税款的商品、货物。扣押后缴纳应纳税款的，税务机关必须立即解除扣押，并归还所扣押的商品、货物；扣押后仍不缴纳应纳税款的，经县以上税务局（分局）局长批准，依法拍卖或者变卖所扣押的商品、货物，以拍卖或者变卖所得抵缴税款。

对有些未取得营业执照从事经营的单位或个人，除由工商行政管理机关依法处理外，由主管税务机关核定其应纳税额，责令缴纳。

（4）责令提供纳税担保。

税务机关有根据认为从事生产、经营的纳税人有逃避纳税义务行为的，可以在规定的纳税期前责令纳税人限期缴纳应纳税额，在限期内发现纳税人有明显的转移、隐匿其应纳税的商品、货物以及其他财产或者应纳税收入的迹象的，税务机关可责成纳税人提供纳税担保。

（5）采取税收保全措施。

税务机关责令纳税人提供纳税担保而纳税人拒绝提供纳税担保或无力提供纳税担保的，经县以上税务局（分局）局长批准，税务机关可以采取下列税收保全措施：

① 书面通知纳税人开户银行或者其他金融机构冻结纳税人的金额相当于应纳税款的存款；

② 扣押、查封纳税人的价值相当于应纳税款的商品、货物或者其他财产。

纳税人在规定的限期内缴纳税款的，税务机关必须立即解除税收保全措施；限期期满仍未缴纳税款的，经县以上税务局（分局）局长批准，税务机关可以书面通知纳税人开户银行或者其他金融机构从其冻结的存款中扣缴税款，或者依法拍卖或者变卖所扣押、查封的商品、货物或者其他财产，以拍卖或者变卖所得抵缴税款。

个人及其所扶养家属维持生活必需的住房和用品，不在税收保全措施范围之内。

个人所扶养家属，是指与纳税人共同居住生活的配偶、直系亲属以及无生活来源并由纳税人扶养的其他亲属。

个人及其所扶养家属维持生活必需的住房和用品不包括机动车辆、金银饰品、古玩字画、豪华住宅或者一处以外的住房。

税务机关对单价 5 000 元以下的其他生活用品，不采取税收保全措施和强制执行措施。

（6）采取强制执行措施。

从事生产、经营的纳税人、扣缴义务人未按照规定的期限缴纳或者解缴税款，纳税担保人未按照规定的期限缴纳所担保的税款，由税务机关责令限期缴纳，逾期仍未缴纳的，经县以上税务局（分局）局长批准，税务机关可以采取下列强制执行措施：

① 书面通知其开户银行或者金融机构从其存款中扣缴税款；

② 扣押、查封、依法拍卖或者变卖其价值相当于应纳税款的商品、货物或者其他财产，以拍卖或者变卖所得抵缴税款。

税务机关采取强制执行措施时，对纳税人、扣缴义务人、纳税担保人未缴纳的滞纳金同时强制执行。

个人及其所扶养家属维持生活必需的住房和用品，不在强制执行措施的范围之内。

（7）阻止出境。

欠缴税款的纳税人或者其法定代表人在出境前未按照规定结清应纳税款、滞纳金或者提供纳税担保的，税务机关可以通知出入境管理机关阻止其出境。阻止出境的具体办法，由国家税务总局会同公安部制定。

四、纳税人的权利、义务和责任

1. 纳税人的权利

（1）享受国家税法规定的减税免税优待。一般可分为两种情况：一种是根据国家经济政策，为支持和鼓励某些产业、产品和经营项目的发展，在税收法规规定的一定条件和范围内给予的扶持性减税、免税；另一种是纳税有特殊困难或遭受自然灾害，税务机关根据纳税人的申请给予的困难性减税、免税。

（2）申请延期申报和延期缴纳税款的权利。《税收征管法》规定纳税人不能按期办理纳税申报，或有特殊困难不能按期缴纳税款的，经税务机关核准，可以延期申报和延期缴纳税款。

（3）依法申请收回多缴的税款。纳税人超过应纳税额缴纳的税款，税务机关发现后应当立即退还，纳税人自结算税款之日起 3 年内发现的，可以向税务机关要求退还多缴的税款并加算银行同期存款利息，税务机关及时查实后应当立即退还，涉及从国库中退库的，依照法律、行政法规、有关国库管理的规定退还。

（4）认为税务机关具体行政行为不当，使纳税人的合法利益遭受损失的，纳税人有权要求税务机关赔偿。

（5）纳税人有权要求税务机关对自己的生产经营和财务状况及有关资料等保守秘密。

（6）纳税人按规定不负有代收、代扣、代缴义务的，有权依法拒绝税务机关要求其执行代收、代扣、代缴税款义务。

（7）纳税人对税务机关作出的具体行政行为有申请复议和向法院起诉及要求听证的权利。

（8）纳税人有权对税务机关及其工作人员的各种不法行为进行揭露、检举和控告；有权检举违反税收法律、行政法规的行为。

（9）国家法律、行政法规规定的其他权利。

2. 纳税人的义务

（1）依照税法规定申请办理税务登记、变更或注销税务登记，并按照规定使用税务登记证件，不得转借、涂改、损毁、买卖或者伪造税务登记证件。

（2）纳税人必须按规定设置账簿，个体工商户确实不能设置账簿的，需报经税务机关批准。

（3）纳税人必须按税法的规定办理纳税申报，报送纳税申报表、财务会计报表以及税务机关要求纳税人报送的其他资料。因特殊情况不能按期办理的，需报经税务机关批准。

（4）纳税人必须按照税法规定的纳税期限缴纳税款。因特殊情况不能按期缴纳的，经省、自治区、直辖市国家税务局、地方税务局批准，可以延期缴纳税款，但是最长不得超过3个月。

其中特殊情况是指：

① 因不可抗力，导致纳税人发生较大损失，正常生产经营活动受到较大影响的；

② 当期货币资金在扣除应付职工工资、社会保险费后，不足以缴纳税款的。

计划单列市国家税务局、地方税务局可以参照《税收征管法》第三十一条第二款的批准权限，审批纳税人延期缴纳税款。

纳税人需要延期缴纳税款的，应当在缴纳税款期限届满前提出申请，并报送下列材料：申请延期缴纳税款报告，当期货币资金余额情况及所有银行存款账户的对账单，资产负债表，应付职工工资和社会保险费等税务机关要求提供的支出预算。

税务机关应当自收到申请延期缴纳税款报告之日起20日内作出批准或者不予批准的决定；不予批准的，从缴纳税款期限届满之日起加收滞纳金。

（5）纳税人要按照税收法律与行政法规的规定保管和使用发票。

（6）欠缴税款的纳税人或者其法定代表人在出境前应按照规定结清应纳税款、滞纳金或者提供纳税担保。

（7）纳税人要接受税务机关的税务检查，如实反映情况，提供有关证明资料，不得拒绝、隐瞒。

（8）纳税人、扣缴义务人、纳税担保人同税务机关在纳税上发生争议时，必须先依照税务机关的纳税决定缴纳或者解缴税款及滞纳金或者提供相应的担保，然后可以依法申请行政复议；对行政复议决定不服的，可以依法向人民法院起诉。

当事人对税务机关的处罚决定、强制执行措施或者税收保全措施不服的，可以依法申请行政复议，也可以依法向人民法院起诉。

当事人对税务机关的处罚决定逾期不申请行政复议也不向人民法院起诉、又不履行的，作出处罚决定的税务机关可以采取强制执行措施，或者申请人民法院强制执行。

（9）国家法律、行政法规规定的其他义务。

（10）纳税人享有的权利和承担的义务，一般也适用于法律规定的代扣代缴、代收代缴义务人。

3. 纳税人、扣缴义务人的法律责任

（1）违反税务管理的行为及处罚。

① 纳税人有下列行为之一的，由税务机关责令限期改正，可以处以2 000 元以下的罚款；情节严重的，处以 2 000 元以上 1 万元以下的罚款：未按照规定的期限申报办理税务登记、变更或注销登记的；未按照规定设置、保管账簿或者保管记账凭证和有关资料的；未按照规定将财务、会计制度或财务会计处理办法和会计核算软件报送税务机关备案的；未按照规定将其全部银行账号向税务机关报告的；未按照规定安装、使用税控装置，或者损毁、擅自改动税控装置的；纳税人未按照规定办理税务登记证件验证或者换证手续的。

② 纳税人不办理税务登记的，由税务机关责令限期改正；逾期不改正的，税务机关提请工商行政管理机关吊销其营业执照。

纳税人未按照规定使用税务登记证件，或者转借、涂改、损毁、买卖、伪造税务登记证件的，处 2 000 元以上 1 万元以下的罚款；情节严重的，处 1 万元以上 5 万元以下的罚款。

③ 扣缴义务人未按规定设置、保管代扣代缴、代收代缴税款账簿或者保管代扣代缴、代收代缴税款记账凭证及有关资料的，由税务机关责令改正；可处以 2 000 元以下的罚款；情节严重的，处以 2 000 元以上 5 000 元以下的罚款。

④ 纳税人、扣缴义务人未按规定的期限办理纳税申报和报送纳税资料的，或者扣缴义务人未按照规定的期限向税务机关报送代扣代缴、代收代缴税款报告表和有关资料的，由税务机关责令限期改正，可处以 2 000 元以下的罚款；情节严重的，可处以 2 000 元以上 1 万元以下的罚款。

（2）欠税行为及处罚。

欠税是指纳税人、扣缴义务人逾期未缴纳税款的行为。纳税人欠缴应纳税款，采取转移或者隐匿财产的手段，妨碍税务机关追缴欠缴税款的，由税务机关追缴欠缴的税款、滞纳金，并处以欠缴税款50%以上5倍以下的罚款，构成犯罪的，依法追究刑事责任。扣缴义务人应扣未扣、应收而不收税款的，由税务机关向纳税人追缴税款，对扣缴义务人处应扣未扣、应收未收税款50%以上3倍以下罚款。

（3）偷税行为及处罚。

偷税是指纳税人采取伪造、变造、隐匿、擅自销毁账簿、记账凭证，在账簿上多列支出或者不列、少列收入，经税务机关通知申报而拒不申报或者进行虚假的纳税申报的手段，不缴或者少缴应纳税款的行为。

对纳税人偷税的，由税务机关追缴其不缴或少缴的税款、滞纳金，并处不缴或者少缴的税款50%以上5倍以下的罚款；构成犯罪的，依法追究刑事责任。扣缴义务人采取前款所列手段，不缴或者少缴已扣、已收税款，由税务机关追缴其不缴或者少缴的税款、滞纳金，并处不缴或者少缴的税款50%以上5倍以下的罚款；构成犯罪的，依法追究刑事责任。

纳税人、扣缴义务人编造虚假计税依据的，由税务机关责令限期改正，并处5万元以下罚款。

纳税人不进行纳税申报，不缴或者少缴应纳税款的，由税务机关追缴其不缴或者少缴的税款、滞纳金，并处不缴或者少缴税款50%以上5倍以下的罚款。

（4）抗税行为及处罚。

抗税是指纳税人、扣缴义务人以暴力威胁方法拒绝缴纳税款的行为。依照《税收征管法》及《刑法》有关条款的规定，情节轻微、未构成犯罪的，由税务机关追缴其拒缴的税款、滞纳金，并处以拒缴税款1倍以上5倍以下的罚款。构成犯罪的，处3年以下有期徒刑或者拘役，并处拒缴税款1倍以上5倍以下罚金；情节严重的，处3年以上7年以下有期徒刑，并处拒缴税款1倍以上5倍以下罚金。以暴力方法抗税，致人重伤或者死亡的，按伤害罪、杀人罪从重处罚，并处罚金。

（5）行贿行为及处罚。

纳税人向税务人员行贿，不缴或者少缴应纳税款的，依照行贿罪追究刑事责任，并处不缴或者少缴的税款5倍以下的罚金。《刑法》第三百九十条规定："对犯行贿罪的，处5年以下有期徒刑或者拘役；因行贿谋取不正当利益，情节严重的，或者使国家利益遭受重大损失的，处5年以上10年以下有期徒刑；情节特别严重的，处10年以上有期徒刑或者无期徒刑，可以并处没收财产。”

（6）骗税行为及处罚。

对骗税行为，依照《税收征管法》及《刑法》有关条款的规定，由税务机关追缴其骗取的出口退税款，并处骗取税款1倍以上5倍以下的罚款。构成犯罪的，即以假报出口或者其他欺骗手段，骗取国家出口退税款，数额较大的，处5年以下有期徒刑或者拘役，并处骗取税款1倍以上5倍以下罚金，数额巨大或者有其他严重情节的，处5年以上10年以下有期徒刑，并处骗取税款1倍以上5倍以下罚金；数额特别巨大或者有其他特别严重情节的，处10年以上有期徒刑，或者无期徒刑，并处骗取税款1倍以上5倍以下罚金或者没收财产。

纳税人缴纳税款后，采取前款规定的欺骗方法，骗取所缴纳的税款的，依照《刑法》第二百零一条规定处罚；骗取税款超过所缴纳的税款部分，依照前款规定处罚。

对骗取国家出口退税款的，税务机关可以在规定的期间内停止为其办理出口退税。

（7）其他违法行为及处罚。

① 非法印制、转借、倒卖、变造或者伪造完税凭证的，由税务机关责令改正，处2 000元以上1万元以下的罚款；情节严重的，处1万元以上5万元以下的罚款；构成犯罪的，依法追究刑事责任。

② 银行及其他金融机构未依照《税收征管法》的规定在从事生产、经营的纳税人的账户中登录税务登记证件号码，或者未按规定在税务登记证件中登录从事生产、经营的纳税人的账户账号的，由税务机关责令限期改正，处2 000元以上2万元以下的罚款；情节严重的，处2万元以上5万元以下的罚款。

③ 为纳税人、扣缴义务人非法提供银行账户、发票、证明或者其他方便，导致未缴、少缴税款或者骗取国家出口退税款的，税务机关除没收违法所得外，可以处未缴、少缴或者骗取的税款1倍以下的罚款。

④ 税务机关依照《税收征管法》，到车站、码头、机场、邮政企业及其分支机构检查纳税人有关情况时，有关单位拒绝的，由税务机关责令改正，可以处1万元以下的罚款；情节严重的，处1万元以上5万元以下的罚款。

第三节　小小发票不可忽视

一、发票的种类和使用范围

根据《发票管理办法》和国家税务总局的有关规定，发票的管理权限按流转税主体税种划分。增值税纳税人使用的发票由国家税务局管理，如增值税专用发票，工业、商业企业销货发票，加工修理发票等；营业税纳税人使用的发票由地方税务局管理，如服务业、建筑安装业、运输业、金融保险业等开具的结算营业收入的各种发票。有的发票对于增值税或营业税纳税人都适用，如临时经营发票用于临时经营单位销售货物，或提供营业税应税劳务时使用。因此，增值税企业发票领购到国税局办理，营业税企业发票领购到地税局办理。如果一个企业以增值税为主并兼有营业税的经营项目，就应该分别到国税和地税主管税务机关办理。

发票种类繁多，主要是按行业特点和纳税人的生产经营项目分类。每种发票都有特定的使用范围。

1. 增值税专用发票

增值税专用发票（以下简称专用发票）只限于增值税一般纳税人领购使用，增值税小规模纳税人和非增值税纳税人不得领购使用。从行业划分来讲，它是工业、商业企业用于结算销售货物和加工修理修配劳务使用的发票。根据《关于修订〈增值税专用发票使用规定〉的通知》（国税发［2006］156号）的规定，一般纳税人有下列情形之一的，不得领购开具专用发票：

（1）会计核算不健全，不能向税务机关准确提供增值税销项税额、进项税额和应纳税额数据及其他有关增值税税务资料的。

（2）有《税收征管法》规定的税收违法行为，拒不接受税务机关处理的。

（3）有下列行为之一，经税务机关责令限期改正而仍未改正的：

① 虚开增值税专用发票；

② 私自印制专用发票；

③ 向税务机关以外的单位和个人取得专用发票；

④ 借用他人专用发票；

⑤ 未按规定开具专用发票；

⑥ 未按规定保管专用发票和专用设备；

⑦ 未按规定申报专用发票的购、用、存情况；

⑧ 未按规定接受税务机关检查。

（4）销售的货物全部属于免税项目者。

（5）从1995年7月1日起，一般纳税人经营商业零售的烟、酒、食品、服装、鞋帽（不包括劳保专用的部分）、化妆品等消费品不得开具专用发票；一般纳税人生产经营机器、机车、汽车、轮船、锅炉等大型机械电子设备，凡直接销售给使用单位的，不再开具专用发票，而改用普通发票。

2003年7月1日起，增值税一般纳税人必须通过防伪税控系统开具专用发票，同时全国统一废止增值税一般纳税人所用的手写版专用发票。

2. 普通发票

普通发票主要由营业税纳税人和增值税小规模纳税人使用，增值税一般纳税人在不能开具专用发票的情况下也可以使用普通发票，与增值税专用发票不同的是普通发票的具体种类要按适用范围选择。如普通发票中的商业批发零售发票、加工修理修配发票是由增值税纳税人使用的，而属于结算服务收入、运输收入等的普通发票主要由营业税纳税人使用。普通发票由行业发票和专用发票组成。前者适用于某个行业的经营业务，后者仅适用于某一经营项目，可以说是在行业发票划分的基础上再细分，其作用在于控制一些特定经营项目的税收征管和进行社会经济管理，除此以外，其结算内容在票面设计上也有特殊要求，如广告费用结算发票、出售地下水专用发票、商品房销售发票等。

（1）增值税纳税人使用的普通发票。

增值税纳税人使用的普通发票主要有：工业企业产品销售统一发票、工业企业材料销售统一发票、工业企业加工产品统一发票、工业加工修理统一发票、商业零售统一发票、商业批发统一发票、农林牧水产品收购统一发票、废旧物资收购发票、机动车专项修理专用发票、电业局电力销售专用发票、自来水公司水销售专用发票、公共事业联合收费处缴费专用发票、临时经营发票等。

（2）营业税纳税人使用的普通发票。

营业税纳税人使用的普通发票主要有：建筑安装企业统一发票、旅店业统一发票、饮食业统一发票、广告业统一发票、社会服务业统一发票、代理购销业务统一发票、商品房销售专用发票、社会办医疗机构收费统一发票、产权交易专用发票、房屋出租专用发票、全国联运行业统一发票、水路货运结算发票、临时经营发票等。

（3）货物运输发票。

2003年10月，国家税务总局发布了《货物运输业营业税征收管理办法》

和《运输发票增值税抵扣管理试行办法》。从2003处11月1日起，提供货物运输劳务的纳税人必须经主管地方税务局认定方可开具货物运输业发票。凡未经地方税务局认定的纳税人开具货物运输发票不得作为记账凭证和增值税抵扣凭证。“两法”主要内容如下：

① 纳税人的认定。

1）从事货物运输的承包人、承租人、挂靠人和个体运输户不得认定为自开票纳税人。

2）铁路运输（包括中央、地方、工矿及其他单位所属铁路）、管道运输、国际海洋运输业务，装卸搬运以及公路、内河客运业务的纳税人不需要进行自开票纳税人资格认定，不需要报送货物运输业发票清单。

② 关于办理税务登记前发生的货物运输劳务征税问题。

1）单位和个人在领取营业执照之日起30日内向主管地方税务局申请办理税务登记的，对其自领取营业执照之日至取得税务登记证期间提供的货物运输劳务，办理税务登记手续后，主管地方税务局可为其代开货物运输业发票。

2）单位和个人领取营业执照超过30日未向主管地方税务局申请办理税务登记的，主管地方税务局应按《税收征管法》及其实施细则的规定进行处理，在补办税务登记手续后，对其自领取营业执照之日至取得税务登记证期间提供的货物运输劳务，可为其代开货物运输业发票。

3）地方税务局对提供货物运输劳务的单位和个人进行税收管理过程中，凡发现代开票纳税人（包括承包人、承租人、挂靠人以及其他单位和个人）未办理税务登记、符合税务登记条件的，必须依法办理税务登记。

3. 专业发票

专业发票是指国有金融、保险企业的存贷、汇兑、转账凭证，保险凭证；国有邮政、电信企业的邮票、邮单、话务、电报收据；国有铁路、民用航空企业和交通部门、国有公路、水上运输企业的客票、货票等。经国家税务总局或者省、市、自治区税务机关批准，专业发票可由政府主管部门自行管理，不套印税务机关的统一发票监制章，也可根据税收征管的需要纳入统一发票管理。

二、发票的领购

1. 发票领购的适用范围

（1）依法办理税务登记的单位和个人，在领取《税务登记证》后可以申请领购发票，属于法定的发票领购对象；

（2）依法不需要办理税务登记的单位，发生临时经营业务需要使用发票的，可以凭单位介绍信和其他有效证件，到税务机关代开发票；

（3）临时到本省、自治区、直辖市以外从事经营活动的单位和个人，凭所在地税务机关开具的《外出经营活动税收管理证明》，在办理纳税担保的前提下，可向经营地税务机关申请领购经营地的发票。

2. 发票领购手续

按照发票管理法规的规定：申请领购发票的单位和个人应当提出购票申请，同时提供经办人身份证明、税务登记证件、财务印章及发票专用章的印模等资料，经主管税务机关审核后发给《发票领购簿》。领购发票的单位和个人凭《发票领购簿》核准的种类、数量，向主管税务机关领购发票。需要临时使用发票的单位和个人，可以直接向税务机关申请办理发票的开具。

对于跨省、市、自治区从事临时经营活动的单位和个人申请领购发票，税务机关应要求提供保证人，或者缴纳不超过1万元的保证金，并限期缴销发票。

3. 领购发票操作要点

《发票管理办法实施细则》规定：凡有固定生产经营场所，财务核算和发票管理制度健全，发票使用量较大的单位，可以申请印制印有本单位名称的发票即自制发票。如果统一发票式样不能满足业务需要，也可以自行设计本单位的发票式样，报经县（市）以上税务机关批准后，到指定的印刷厂印制。自制发票仅限于普通发票。

（1）要求用票单位根据业务特点和经营需要，设计发票式样，预计使用数量。

（2）填写《企业自制发票申请审批表》，写明所需发票的种类、名称、格式、联次和需求数量，连同发票式样一同提交主管税务机关审批。

（3）取得税务机关核准的《发票印制通知书》后，到指定的印刷厂印制，发票印制完毕，用票单位建立发票领用存的管理制度，按季度向主管税务机关报送《发票领用存情况季报表》。

统印发票的领购方式有如下三种：

第一，批量供应。税务机关根据用票单位业务量对发票需求量的大小，确定一定时期内的合理领购数量，用量大的可以按月提供，用量不太大的可以按季领购，防止其积存较多发票而引起管理上的问题。这种方式主要适用于财务制度较健全、有一定经营规模的纳税人。

第二，交旧购新。用票单位交回旧的（即已填用过的）发票存根联，经主管税务机关审核后留存，才允许购领新发票。主管税务机关对旧发票存根联进行审核，主要看其存根联是否按顺序号完整保存，作废发票是否全份缴销，填开的内容是否真实、完整、规范等。

第三，验旧购新。这种方式与交旧购新基本相同，主要一点区别是税务机关审验旧发票存根以后，由用票单位自己保管。

后两种方式适用于财务制度不太健全、经营规模不大的单位和个体工商业户，以便于税务机关能及时检查并纠正其发票使用过程中出现的问题。

三、发票填开的操作要点

1. 发票的开具

任何单位和个人销售商品、提供服务以及从事经营活动时，对外发生经营业务收取款项，收款方应当向付款方开具发票。特殊情况下，由付款方向收款方开具发票：一是收购单位收购货物或者农副产品付款时，应当向收款人开具发票；二是扣缴义务人支付个人款项时，应当向收款人开具发票。

（1）发票的填写。

开具发票应当按照规定的时限、顺序，逐栏、全部联次一次性如实填开，即必须做到按号码顺序填开，填写项目齐全，内容真实，字迹清楚，全部联次一次性复写或打印，内容完全一致，并在发票联或者抵扣联上加盖单位财务印章或发票专用章。填写专用发票还要求：字迹不得涂改；票面品名与货物相符，票面金额与实际收取的金额相符；各项目内容正确无误，发票联和抵扣联盖财务专用章或发票专用章；按照《增值税专用发票使用规定（试行）》第六条所规定的时限开具专用发票；不得拆本使用专用发票以及不得开具票样与国家税务总局统一制定的票样不相符的专用发票。同时，填写发票应当使用中文；民族自治地方可以同时使用当地通用的一种民族文字；外商投资企业和外国企业可以同时使用一种外国文字。

（2）发票的取得。

为了便于进行会计核算，任何单位和从事生产经营活动的个人在购买商品、接受服务以及从事其他经营活动中支付款项，应当向收款方索取发票。根据《发票管理办法》规定，在取得发票时，不得要求变更品名和金额。同时，不符合规定的发票、即应经而未经税务机关监制的发票，填写项目不齐全、内容不真实、字迹不清楚的发票，没有加盖财务印章或者发票专用章的发票，伪造、作废以及其他不符合税务机关规定的发票，一律不得作为财务报销凭证，任何单位和个人有权拒收。

2. 发票的作废

用票单位和个人开具发票发生错填、误填等需要重新开具发票的，可在原发票上注明“作废”字样后，重新开具发票；如果发生销货退回需开红字发票，必须收回原发票并注明“作废”字样或者取得对方的有效凭证；发生销售折让的，在收回原发票并注明“作废”字样后，重新开具销售发票。开具专用发票填写有误的，应当另行开具，并在误填的专用发票上注明“误填作废”四字；如专用发票开具后因购货方不索取而成为废票，也应按填写有误办理。

四、发票的保管

（1）单位和个人应当建立发票使用登记制度，设置发票登记簿，并定期向主管税务机关报告发票的使用情况。

（2）单位和个人应当在办理变更或者注销税务登记的同时，办理发票和发票领购簿的变更销缴手续。

（3）使用发票的单位和个人应当妥善保管发票，不得丢失。发票丢失，应当于丢失当日书面报告主管税务机关，在报刊和电视等传播媒介上公告声明作废，并接受税务机关的处罚。

（4）开具发票的单位和个人应当按照税务机关的规定存放和保管发票，不得擅自损毁。已经开具的发票存根联和发票登记簿，应当保存5年。保存期满，报经主管税务机关查验后销毁。

五、违反发票管理的行为及处罚

1. 违反发票管理法规的行为

（1）未按规定印制发票。

① 未经省国家税务局批准，而私自印制发票；

② 伪造、私刻发票监制章，伪造、变造发票防伪专用品；

③ 印制发票的企业未按《发票印制通知书》印制发票，转借、转让发票监制章和发票防伪专用品；

④ 印制发票的企业未按规定保管发票成品、发票防伪专用品、发票监制章，以及未按规定销毁废品而造成流失；

⑤ 用票单位私自印制发票；

⑥ 未按国家税务机关的规定制定印制发票管理制度；

⑦ 其他未按规定印制发票的行为。

（2）未按规定购领发票。

① 向国家税务机关或国家税务机关委托单位以外的单位和个人取得发票；

② 私售、倒买倒卖发票；

③ 贩卖、窝藏假发票；

④ 借用他人发票；

⑤ 盗取（用）发票；

⑥ 私自向未经国家税务机关批准的单位和个人提供发票；

⑦ 其他未按规定取得发票的行为。

（3）未按规定填开发票。

① 单联填开或上下联金额、内容不一致；

② 填写项目不齐全；

③ 涂改、伪造、变造发票；

④ 转借、转让、私开发票；

⑤ 未经批准拆本使用发票；

⑥ 虚构经济业务活动，虚填发票；

⑦ 填开票物不符发票；

⑧ 填开作废发票；

⑨ 未经批准，跨县（市）填开发票；

⑩ 以其他票据或白条代替发票填开；

⑪ 扩大专用发票填开范围；

⑫ 未按规定填报《发票购领用存申报表》；

⑬ 未按规定设置发票购领用存登记簿；

⑭ 其他未按规定填开发票的行为。

（4）未按规定取得发票。

① 应取得而未取得发票；

② 取得不符合规定的发票；

③ 专用发票只取得记账联或只取得抵扣联的；

④ 取得发票时，要求开票方或自行变更品名、金额或增值税税款；

⑤ 擅自填开发票入账；

⑥ 其他未按规定取得发票的行为。

（5）未按规定保管发票。

① 丢失发票；

② 损（撕）毁发票；

③ 丢失或擅自销毁发票存根联；

④ 未按规定缴销发票；

⑤ 印制发票的企业丢失发票或发票监制章及发票防伪专用品等；

⑥ 未按规定建立发票管理制度；

⑦ 未按国家税务机关规定设专人保管专用发票；

⑧ 未按国家税务机关规定设置专门存放专用发票的场所；

⑨ 未经国家税务机关查验擅自销毁专用发票的基本联次；

⑩ 其他未按规定保管发票的行为。

（6）未接受税务机关检查。

① 拒绝检查、隐瞒真实情况；

② 刁难、阻挠税务人员进行检查；

③ 拒绝接受《发票换票证》；

④ 其他未按规定接受国家税务机关检查的行为。

2. 违反发票管理法规行为的处理办法

（1）有上述所列行为之一的单位和个人，由国家税务机关责令限期改正，没收非法所得，并处一万元以下的罚款。有所列两种或者两种以上行为的，可以分别处罚。

（2）非法携带、邮寄、运输或者存放空白发票的，由国家税务机关收缴发票，没收非法所得，并处一万元以下的罚款。

（3）私自印制、伪造变造、倒买倒卖发票，私自制作发票监制章，发票防伪专用品的，由国家税务机关依法查封、扣押或者销毁，没收非法所得和作案工具，并处一万元以上五万元以下的罚款，构成犯罪的，由司法机关依法追究刑事责任。

（4）违反发票管理法规，导致纳税人、扣缴义务人以及其他单位或个人未缴、少缴或者骗取税款的，由国家税务机关没收非法所得，并处未缴、少缴或者骗取税款一倍以下的罚款，另外还对纳税人、扣缴义务人以及其他单位或者个人进行依法查处。

（5）单位或者个人有下列行为之一的，应当承担刑事责任：

① 虚开增值税专用发票的（虚开是指为他人虚开、为自己虚开、让他人

为自己虚开、介绍他人虚开增值税专用发票行为之一的，下同)；

② 伪造或出售伪造的增值税专用发票的；

③ 非法出售增值税专用发票的；

④ 非法购买增值税专用发票或者购买伪造的增值税专用发票的；

⑤ 虚开用于骗取出口退税、抵扣税款的其他发票的；

⑥ 伪造、擅自制造或者出售伪造、擅自制造的可以用于骗取出口退税、抵扣税款的其他发票的，以及以营利为目的，伪造、擅自制造或者出售伪造、擅自制造的上述规定以外的其他发票的；

⑦ 非法出售可以用于骗取出口退税、抵扣税款的其他发票的，以及以营利为目的，非法出售上述规定以外的其他发票的；

⑧ 盗窃增值税专用发票或者其他发票的。

第七章

会计实务处理汇集

内容概览

在实务操作中，您是否遇到过不知如何处理的会计事项，而通常这些问题又比较复杂，不易理清头绪？为了让读者更好地应对实务操作中经常遇到的问题，在实务操作中能够应对自如，出色地胜任工作，本章将经济业务事项分为六方面，并分别讲述他们的实务处理过程。

经济业务事项的六个方面分别是：(1) 款项和有价证券的收付；(2) 财产物资的收发、增减和使用；(3) 债权、债务的发生和结算；(4) 资本的增减；(5) 收入、成本和费用；(6) 财务成果的计算。

第一节　款项和有价证券的收付

一、现金和银行存款

1. “库存现金”科目

“库存现金”科目核算企业的库存现金。企业有内部周转使用备用金的，可以单独设置“备用金”科目。企业应当设置“现金日记账”，根据收、付款凭证，按照业务发生顺序逐笔登记。每日终了，应当计算当日的现金收入合计额、现金支出合计额和结余额，将结余额与实际库存额核对，做到账款相符。

“库存现金”账户是资产类账户，借方反映库存现金的增加，贷方反映库存现金的减少，余额在借方，反映企业持有的库存现金。

【例7-1】　某企业2012年9月份发生与现金有关的经济业务及相关账

务处理如下。

(1) 企业销售商品取得现金收入100元，增值税率17%，计17元。

借：库存现金 117

　　贷：主营业务收入 100

　　　　应交税费——应交增值税（销项税额） 17

(2) 企业收回应收账款120元。

借：库存现金 120

　　贷：应收账款 120

(3) 企业技术人员王云预借差旅费300元。

借：其他应收款——王云 300

　　贷：库存现金 300

---

2. “银行存款”科目

“银行存款”科目核算企业存入银行或其他金融机构的各种款项。银行汇票存款、银行本票存款、信用卡存款、信用证保证金存款、存出投资款、外埠存款等，在“其他货币资金”科目核算。

“银行存款日记账”应按开户银行和其他金融机构、存款种类等分别设置，由出纳人员根据收付款凭证，按照业务的发展顺序逐笔登记，每日终了应结出余额。“银行存款日记账”应定期与“银行对账单”核对，至少每月核对一次。月份终了，企业账面结余与银行对账单余额之间如有差额，必须逐笔查明原因进行处理，并按月编制“银行存款余调节表”。

“银行存款”账户是资产类账户，借方反映银行存款的增加，贷方反映银行存款的减少，余额在借方，表示银行存款的余额。

【例7-2】 某企业2012年9月发生与银行存款有关的经济业务及相关账务处理如下。

(1) 将库存现金500元存入银行，按银行退回给收款单位的收款凭证联上的500元金额作会计分录。

借：银行存款 500

　　贷：库存现金 500

(2) 收到银行通知的存款利息收入250元，根据银行通知及时编制收款凭证并作会计分录。

借：银行存款 250

贷：财务费用 250

（3）企业收回应收账款30 000元，银行已入账，编制会计分录如下。

借：银行存款 30 000

贷：应收账款 30 000

二、交易性金融资产

企业应设置“交易性金融资产”科目。它是一个流动资产类的会计科目。该科目核算企业为交易目的所持有的债券投资、股票投资等交易性金融资产的公允价值。企业持有的直接指定为以公允价值计量且其变动计入当期损益的金融资产，也在本科目核算。企业还应按交易性金融资产的类别和品种，分“成本”、“公允价值变动”等进行明细核算。

1. 取得交易性金融资产的账务处理

取得时，应当按照该金融资产取得时的公允价值作为其初始确认金额。取得交易性金融资产所支付价款中包含了已宣告但尚未发放的现金股利或已到付息期但尚未领取的债券利息的，应当单独确认为应收项目；取得交易性金融资产所发生的相关交易费用应当在发生时计入投资收益。

2. 持有期间的账务处理

在持有期间，对于被投资单位宣告发放的现金股利或企业在资产负债表日按分期付息、一次还本债券投资的票面利率计算的利息收入，应当确认为应收项目，记入“应收股利”或“应收利息”科目，并计入投资收益。

3. 资产负债表日的账务处理

资产负债表日，交易性金融资产应当按照公允价值计量，公允价值与账面余额之间的差额计入当期损益。企业应当在资产负债表日按照交易性金融资产公允价值与其账面余额的差额，借记或贷记“交易性金融资产——公允价值变动”科目，贷记或借记“公允价值变动损益”科目。

4. 出售交易性金融资产的账务处理

出售时，应当将该金融资产出售时的公允价值与其初始入账金额之间的差额确认为投资收益，同时调整公允价值变动损益，分步确认投资收益。

【例7-3】 某企业购入股票作为交易性金融资产。

（1）2011年12月5日购入股票1 000 000元，发生相关手续费、税金2 000元，作为交易性金融资产。

(2) 2011年12月31日，该股票收盘价为1 080 000元，并宣告发放股利每股5 000元。

(3) 2012年1月10日，收到被投资单位宣告发放的股利5 000元，并存入银行。

(4) 2012年1月15日对该股票进行处置，收到1 100 000元。

上述经济业务的会计分录如下：

(1) 2011年12月5日，购买该交易性金融资产时。

借：交易性金融资产——成本	1 000 000	
投资收益	2 000	
贷：银行存款		1 002 000

(2) 2011年12月31日，确认投资收益，并按公允价值重新计量交易性金融资产。

借：应收股利	5 000	
贷：投资收益		5 000
借：交易性金融资产——公允价值变动	80 000	
贷：公允价值变动损益		80 000

(3) 2012年1月10日，收到现金股利。

借：银行存款	5 000	
贷：应收股利		5 000

(4) 2012年1月15日处置股票时。

借：银行存款	1 100 000	
公允价值变动损益	80 000	
贷：交易性金融资产——成本		1 000 000
——公允价值变动		80 000
投资收益		100 000

第二节 财产物资的收发、增减和使用

一、原材料

“原材料”科目核算企业库存的各种材料，包括原料及主要材料、辅助材料、外购半成品（外购件）、修理用备件（备品备件）、包装材料、燃料等的

计划成本或实际成本。

收到来料加工装配业务的原料、零件等，应当设置备查账簿进行登记。原材料科目可按材料的保管地点（仓库）、类别、品种和规格等进行明细核算。

“原材料”科目期末借方余额，反映企业库存材料的计划成本或实际成本。

1. 购入原材料的账务处理

购入并已验收入库的材料，按计划成本或实际成本，借记“原材料”科目，按实际成本，贷记“材料采购”或“在途物资”科目，按计划成本与实际成本的差异，借记或贷记“材料成本差异”科目。

自制并已验收入库的材料，按计划成本或实际成本，借记“原材料”科目，按实际成本，贷记“生产成本”科目，按计划成本与实际成本的差异，借记或贷记“材料成本差异”科目。

委托外单位加工完成并已验收入库的材料，按计划成本或实际成本，借记“原材料”科目，按实际成本，贷记“委托加工物资”科目，按计划成本与实际成本的差异，借记或贷记“材料成本差异”科目。

2. 发出原材料的账务处理

生产经营领用材料，借记“生产成本”、“制造费用”、“销售费用”、“管理费用”等科目，贷记“原材料”科目。

出售材料结转成本，借记“其他业务成本”科目，贷记“原材料”科目。

发出委托外单位加工的材料，借记“委托加工物资”科目，贷记“原材料”科目。

采用计划成本进行材料日常核算的，发出材料还应结转材料成本差异，将发出材料的计划成本调整为实际成本。采用实际成本进行材料日常核算的，发出材料的实际成本，可以采用先进先出法、加权平均法或个别认定法计算确定。

【例 7－4】 某企业为一般纳税人，原材料采用计划成本核算，乙材料计划成本每吨为 20 元。本期购进乙材料 6 000 吨，收到的增值税发票上标明，价款总额 102 000 元，增值税 17 340 元，另发生运杂费 1 400 元，途中保险费 359 元。

（1）购买原材料时的会计分录为：

借：材料采购——乙材料　　103 759
　　应交税费——应交增值税（进项税额）　　17 340
　　贷：银行存款　　121 099

（2）材料入库时的会计分录为：

借：原材料——乙材料　　120 000
　　贷：材料成本差异　　16 241
　　　　材料采购——乙材料　　103 759

【例7－5】 某企业原材料日常收发及结存采用计划成本核算，月初结存原材料的计划成本为600 000元，实际成本为605 000元；本月入库材料计划成本为1 400 000元，实际成本为1 355 000元。当月发出材料情况如下：

（1）基本生产车间领用800 000元；

（2）在建工程领用200 000元；

（3）车间治理部门领用5 000元；

（4）企业行政治理部门领用15 000元。

依据上述材料编制会计分录。

首先，计算当月材料成本差异 ＝（605 000＋1 355 000－600 000－1 400 000）÷（600 000＋1 400 000）＝－2%。

（1）发出材料时的会计分录：

借：生产成本　　800 000
　　在建工程　　200 000
　　制造费用　　5 000
　　管理费用　　15 000
　　贷：原材料　　1 020 000

（2）月末结转发出材料成本差异的会计分录：

借：生产成本　　16 000
　　在建工程　　4 000
　　制造费用　　100
　　管理费用　　300
　　贷：材料成本差异　　20 400

二、库存商品

“库存商品”科目核算企业库存的各种商品的实际成本（或进价）或计划成本（或售价），包括库存产成品、外购商品、存放在门市部准备出售的商品、发出展览的商品以及寄存在外的商品等。

接受来料加工制造的代制品和为外单位加工修理的代修品，在制造和修理完成验收入库后，视同企业的产成品，也通过库存商品科目核算。

房地产开发企业的开发产品，可将“库存商品”科目改为“1405 开发产品”科目。

农业企业收获的农产品，可将“库存商品”科目改为“1405 农产品”科目。

库存商品科目可按库存商品的种类、品种和规格等进行明细核算。

1. 企业自制产成品的账务处理

企业自制产成品一般应按实际成本核算，产成品的入库和出库，平时只记数量不记金额，期（月）末计算入库产成品的实际成本。生产完成验收入库的产成品，按其实际成本核算。

产成品种类较多的，也可按计划成本进行日常核算，其实际成本与计划成本的差异，可以单独设置“产品成本差异”科目，比照“材料成本差异”科目核算。

采用实际成本进行产成品日常核算的，发出产成品的实际成本，可以采用先进先出法、加权平均法或个别认定法计算确定。

对外销售产成品（包括采用分期收款方式销售产成品），结转销售成本时，借记“主营业务成本”科目，贷记“库存商品”科目。采用计划成本核算的，发出产成品还应结转产品成本差异，将发出产成品的计划成本调整为实际成本。

【例7-6】 某企业采用计划成本核算产成品。2012 年 2 月 28 日，该企业生产的甲产成品已验收入库，计划成本为 105 000 元，实际成本为 100 000 元。3 月 5 日，该企业将甲产品对外销售，收到销货款 234 000 元（含增值税），增值税税率为 17%。上述经济业务的账务处理如下。

（1）2012 年 2 月 28 日，产品验收入库时：

借：库存商品——甲　　105 000

　　贷：生产成本　　100 000

产品成本差异 5 000

(2) 3月5日收到销货款时:

借：银行存款 234 000

贷：主营业务收入 200 000

应交税费——应交增值税（销项税额） 34 000

结转产品成本差异，将发出产成品的计划成本调整为实际成本，账务处理为：

借：主营业务成本 100 000

产品成本差异 5 000

贷：库存商品 105 000

2. 企业外购商品的账务处理

购入商品采用进价核算的，在商品到达验收入库后，按商品进价，借记“库存商品”科目，贷记“银行存款”、“在途物资”等科目。委托外单位加工收回的商品，按商品进价，借记“库存商品”科目，贷记“委托加工物资”科目。

购入商品采用售价核算的，在商品到达验收入库后，按商品售价，借记“库存商品”科目，按商品进价，贷记“银行存款”、“在途物资”等科目，按商品售价与进价的差额，贷记“商品进销差价”科目。委托外单位加工收回的商品，按商品售价，借记“库存商品”科目，按委托加工商品的账面余额，贷记“委托加工物资”科目，按商品售价与进价的差额，贷记“商品进销差价”科目。

对外销售商品（包括采用分期收款方式销售商品），结转销售成本时，借记“主营业务成本”科目，贷记“库存商品”科目。采用进价进行商品日常核算的，发出商品的实际成本，可以采用先进先出法、加权平均法或个别认定法计算确定。采用售价核算的，还应结转应分摊的商品进销差价。

【例7-7】 某企业购入商品采用进价核算。2012年4月7日，购入一批商品，进价为500 000元（不含增值税），适用增值税税率为17%；4月25日，将该批商品对外销售，销售价格为800 000元，增值税税率为17%。上述经济业务的账务处理如下。

(1) 2012年4月7日，购买商品时：

借：在途物资 500 000

应交税费——应交增值税（进项税额） 85 000
贷：银行存款 585 000

（2）商品验收入库时：

借：库存商品 500 000
贷：在途物资 500 000

（3）4 月 25 日，销售商品，收到销售款时：

借：银行存款 936 000
贷：主营业务收入 800 000
应交税费——应交增值税（销项税额） 136 000

同时结转销售成本：

借：主营业务成本 500 000
贷：库存商品 500 000

三、固定资产

“固定资产”科目核算企业持有的固定资产原价。建造承包商的临时设施，以及企业购置计算机硬件所附带的、未单独计价的软件，也通过固定资产科目核算。

“固定资产”科目可按固定资产类别和项目进行明细核算。融资租入的固定资产，可在本科目设置“融资租入固定资产”明细科目。“固定资产”科目期末借方余额，反映企业固定资产的原价。

1. 取得固定资产的初始计量

（1）外购固定资产。

企业外购固定资产的成本，包括购买价款、相关税费、使固定资产达到预定可使用状态前所发生的可归属于该项资产的运输费、装卸费、安装费和专业人员服务费等。

外购固定资产分为购入不需要安装的固定资产和购入需要安装的固定资产两类。以一笔款项购入多项没有单独标价的固定资产，应当按照各项固定资产的公允价值比例对总成本进行分配，分别确定各项固定资产的成本。

购买固定资产的价款超过正常信用条件延期支付，实质上具有融资性质的，固定资产的成本以购买价款的现值为基础确定。实际支付的价款与购买价款的现值之间的差额，应当在信用期间内采用实际利率法进行摊销，摊销金额除满足借款费用资本化条件应当计入固定资产成本外，均应当在信用期间内确认为财务费用，计入当期损益。

（2）自行建造固定资产。

自行建造的固定资产，按建造该项资产达到预定可使用状态前所发生的必要支出，作为入账价值。其中，“建造该项资产达到预定可使用状态前所发生的必要支出”，包括工程用物资成本、人工成本、交纳的相关税费、应予资本化的借款费用以及应分摊的间接费用等。

已达到预定可使用状态，但尚未办理竣工决算手续的固定资产，应按估计价值入账，待确定实际成本后再进行调整。

（3）融资租入的固定资产。

融资租赁，是指实质上转移了与资产所有权有关的全部风险和报酬的租赁。其所有权最终可能转移，也可能不转移。在融资租赁方式下，承租人应于租赁开始日将租赁开始日租入固定资产的公允价值与最低租赁付款额现值两者中较低者作为租入固定资产入账价值，将最低租赁付款额作为长期应付款的入账价值，其差额作为未确认融资费用。

（4）其他方式取得的固定资产。

① 投资者投入固定资产的成本，应按投资合同或协议约定价值确定，该价值不公允的除外。

② 非货币性资产交换、债务重组等方式取得的固定资产成本，应分别按相关规定确定。

2. 固定资产折旧的账务处理

“累计折旧”科目核算企业固定资产的累计折旧。累计折旧科目可按固定资产的类别或项目进行明细核算。累计折旧科目期末贷方余额，反映企业固定资产的累计折旧额。

企业一般应按月计提固定资产折旧，当月增加的固定资产，当月不提折旧，从下月起计提折旧；当月减少的固定资产，当月照提折旧，从下月起不提折旧。固定资产提足折旧后，不论能否继续使用，均不再计提折旧；提前报废的固定资产，也不再补提折旧。

3. 固定资产处置的账务处理

企业出售、转让、报废固定资产或发生固定资产毁损，应当将处置收入扣除账面价值和相关税费后的金额计入当期损益。固定资产处置一般通过“固定资产清理”科目进行核算。其会计处理一般经过以下几个步骤：

第一，将固定资产的账面价值转入“固定资产清理”科目；

第二，清理过程中发生的有关费用及相关税费，借记“固定资产清理”科目，贷记“银行存款”、“应交税费”等科目；

第三，收回出售固定资产的价款、残料价值和变价收入等，应冲减清理支出，贷记“固定资产清理”科目，借记“银行存款”、“原材料”等科目；

第四，应由保险公司或过失人赔偿的损失，应冲减清理支出，贷记“固定资产清理”科目，借记“其他应收款”等科目；

第五，固定资产清理完成后的净收益，借记“固定资产清理”科目，贷记“营业外收入”科目。固定资产清理完成后的净损失，属于生产经营期间正常的处理损失，借记“营业外支出——处置固定资产净损失”科目，贷记“固定资产清理”科目；属于生产经营期间由于自然灾害等非正常原因造成的，借记“营业外支出——非常损失”科目，贷记“固定资产清理”科目。

【例7-8】 2012年4月10日，某企业购买一台需要安装的设备，价值500 000元，增值税85 000元，另发生7 000元的运杂费，均以银行存款支付；安装过程中，耗用人工费31 800元，4月15日设备安装完毕并交付使用。该设备预计使用年限为10年，企业决定采用直线法对其计提折旧。上述经济业务的会计分录如下。

（1）4月10日购入设备时：

借：在建工程	507 000	
应交税费——应交增值税（进项税额）	85 000	
贷：银行存款		592 000

（2）结算安装费用时：

借：在建工程	31 800	
贷：应付职工薪酬		31 800

（3）安装完毕达到预定可使用状态时：

借：固定资产	538 800	
贷：在建工程		538 800

（4）2012年5月起，按月计提折旧金额为：538 800 ÷ 10 ÷ 12 = 4 490（元）。

借：制造费用	4 490	
贷：累计折旧		4 490

【例7-9】 某企业出售一台设备，原值100 000元，已使用5年，累计折旧为50 000元，已计提2 000元的减值准备。出售过程中支付清理费用

1 000 元，出售价款 45 000 元，增值税率为 17%，均通过银行收付。要求进行固定资产清理的处理。

(1) 将固定资产转入清理：

借：固定资产清理	48 000	
固定资产减值准备	2 000	
累计折旧	50 000	
贷：固定资产		100 000

(2) 支付清理费用：

借：固定资产清理	1 000	
贷：银行存款		1 000

(3) 收到价款：

借：银行存款	52 650	
营业外支出——处理固定资产净损失	4 000	
贷：固定资产清理		49 000
应交税费——应交增值税（销项税额）		7 650

第三节　债权、债务的发生和结算

一、应收及预付款项

1. 应收款项及账务处理

(1) “应收账款”科目。

“应收账款”科目核算企业因销售商品、提供劳务等经营活动应收取的款项。该科目借方表示应收账款增加，贷方表示应收账款减少；期末借方余额，反映企业尚未收回的应收账款；期末如为贷方余额，反映企业预收的账款。

保险企业按照原保险合同约定应向投保人收取的保费，可将“应收账款”科目改为“1122 应收保费”科目，并按照投保人进行明细核算。

金融企业应收取的手续费和佣金，可将“应收账款”科目改为“1124 应收手续费及佣金”科目，并按照债务人进行明细核算。

因销售商品、提供劳务等，采用递延方式收取合同或协议价款，实质上具有融资性质的，在“长期应收款”科目核算。

（2）“坏账准备”科目。

企业每期末要估计坏账损失，设置“坏账准备”账户。《企业会计准则》规定：坏账准备的计提方法有“余额百分比法”、“账龄分析法”、“销货百分比法”和“个别认定法”等，具体采用何种方法由企业自行确定，一经确定，不得随意变动。下面重点介绍常用的“余额百分比法”和“账龄分析法”。

① 余额百分比法。余额百分比法是按照期末应收账款余额的一定百分比估计坏账损失的方法。坏账百分比由企业根据以往的资料或经验自行确定。采用余额百分比法计提坏账准备的计算公式如下所述。

首次计提坏账准备的计算公式：

当期应计提的坏账准备 = 期末应收账款余额 × 坏账准备计提百分比

以后计提坏账准备的计算公式：

当期应计提的坏账准备 = 当期按应收账款计算应计提的坏账准备金额 +（或 -）坏账准备账户借方余额（或贷方余额）

② 账龄分析法。账龄分析法这是根据应收账款账龄的长短来估计坏账损失的方法。通常而言，应收账款的账龄越长，发生坏账的可能性越大。为此，将企业的应收账款按账龄长短进行分组，分别确定不同的计提百分比估算坏账损失，使坏账损失的计算结果更符合客观情况。采用账龄分析法计提坏账准备的计算公式如下。

首次计提坏账准备的计算公式：

当期应计提的坏账准备 = ∑（期末各账龄组应收账款余额 × 各账龄组坏账准备计提百分比）

以后计提坏账准备的计算公式：

当期应计提的坏账准备 = 当期按应收账款计算应计提的坏账准备金额 +（或 -）坏账准备账户借方余额（或贷方余额）

具体的账务处理过程如下。

① 计提坏账准备：

若本期应计提的坏账准备大于其账面余额的，应按其差额补提坏账准备，贷记“坏账准备”科目，同时借记“资产减值损失”科目。

若本期应计提的坏账准备小于其账面余额的，应冲销前期计提的坏账准备，借记“坏账准备”科目，同时贷记“资产减值损失”科目。

② 实际发生坏账时：

若有确凿证据表明确实无法收回的应收款项，应作为坏账转销应收款项，借记“坏账准备”科目，同时贷记“应收账款”、“应收票据”等科目。

已确认并转销的应收款项以后又收回的，应按实际收回的金额，借记

“应收账款”、“应收票据”等科目，贷记“坏账准备”科目；同时，借记“银行存款”科目，贷记“应收账款”、“应收票据”等科目。

收到债务人清偿债务的款项小于该项应收账款账面价值的，应按实际收到的金额，借记“银行存款”科目，同时按已计提的坏账准备借记“坏账准备”科目，按账面余额贷记“应收账款”科目，按其差额借记“营业外支出”科目。

收到债务人清偿债务的款项大于该项应收账款账面价值的，应按实际收到的金额，借记“银行存款”科目，同时按已计提的坏账准备借记“坏账准备”科目，按账面余额贷记“应收账款”科目，按其差额冲销“资产减值损失”科目。

【例7-10】 某企业为增值税一般纳税人，适用税率为17%。2011年12月份，发生如下业务（设已计提的坏账准备足够转销）。

（1）5日，向乙公司赊销商品一批，价款1 000万元（不含增值税），该批产品成本为700万元。因成批销售，给予10%的商业折扣。

（2）9日，企业一债务人破产，根据清算程序，有应收账款40万元不能收回，确认为坏账。

（3）11日，收到乙公司的销货款500万元，存入银行。

（4）21日，收到2010年已转销为坏账的应收账款10万元，存入银行。

（5）30日，向丙公司销售商品一批，价值100万元，增值税为17万元。为了及早收款而规定现金折扣条件为“2/10，1/20，n/30”。

上述经济业务的会计分录如下。

（1）2011年12月5日，向乙公司销售商品时，因为10%的商业折扣，应确认收入900万元，应交增值税153万元：

借：应收账款——乙公司	1 0530 000	
贷：主营业务收入		9 000 000
应交税费——应交增值税（销项税额）		1 530 000
借：主营业务成本	7 000 000	
贷：库存商品		7 000 000

（2）9日，因债务人破产，转销坏账40万元：

借：坏账准备	400 000	
贷：应收账款		400 000

（3）11日，收到乙公司交来货款500万元：

借：银行存款　　5 000 000
　　贷：应收账款　　5 000 000

（4）21 日，收到已转销为坏账的 10 万元：

借：应收账款　　100 000
　　贷：坏账准备　　100 000

借：银行存款　　100 000
　　贷：应收账款　　100 000

（5）30 日，确定销售收入时：

借：应收账款——丙公司　　1 170 000
　　贷：主营业务收入　　1 000 000
　　　　应交税费——应交增值税（销项税额）　　170 000

若 10 天内付款，应给予丙公司折扣金额 20 000 元，用于冲销财务费用：

借：银行存款　　1 150 000
　　财务费用　　20 000
　　贷：应收账款——丙公司　　1 170 000

若 20 天内付款，应给予丙公司折扣金额 10 000 元，用于冲销财务费用：

借：银行存款　　1 160 000
　　财务费用　　10 000
　　贷：应收账款——丙公司　　1 170 000

若超过 20 天付款，不应给予丙公司折扣：

借：银行存款　　1 170 000
　　贷：应收账款——丙公司　　1 170 000

【例 7－11】　某企业计提坏账准备采用年末应收账款余额百分比法，提取坏账准备比例为 1%。其第一年年末应收账款余额为 100 万元；第二年发生了坏账损失 6 000 元，应收账款年末余额为 200 万元；第三年收回上年已作为坏账冲销的应收账款 4 000 元，年末应收账款余额为 150 万元。

要求：计算企业这三年应计提的坏账准备并编制会计分录。

（1）第一年年末按 1% 的比例应计提的坏账准备为 10 000 元。

借：资产减值损失　　10 000
　　贷：坏账准备　　10 000

（2）第二年确实发生坏账时，转销坏账准备。

借：坏账准备　　6 000
　　贷：应收账款　　6 000

第二年年末应计提的坏账准备为 20 000 元；

第二年年末应补提的坏账准备 = 20 000 - （10 000 - 6 000） = 16 000（元）。

借：资产减值损失　　16 000

　　贷：坏账准备　　16 000

（3）第三年收回上年已作为坏账冲销的应收账款。

借：应收账款　　4 000

　　贷：坏账准备　　4 000

借：银行存款　　4 000

　　贷：应收账款　　4 000

第三年年末应计提的坏账准备为 15 000 元；

第三年年末应冲减已计提的坏账准备 = （16 000 + 4 000） - 15 000 = 5 000（元）。

借：坏账准备　　5 000

　　贷：资产减值损失　　5 000

2. 预付账款的账务处理

“预付账款”科目核算企业按照合同规定预付的款项，可按供货单位进行明细核算。预付款项情况不多的，也可以不设置预付账款科目，将预付的款项直接记入“应付账款”科目。企业进行在建工程预付的工程价款，也在“预付账款”科目核算。

保险企业从事保险业务预先支付的赔付款，可将预付账款科目改为“1123预付赔付款”科目，并按照保险人或受益人进行明细核算。期末借方余额，反映企业预付的款项；期末如为贷方余额，反映企业尚未补付的款项。

【例 7 - 12】　某企业向 B 公司购进一种紧俏商品，根据购货合同约定先预付 20 000 元。B 公司发出货物，发票上注明的价款 18 000 元，增值税 3 060 元，某企业需补付 1 060 元。

针对上述经济业务，某企业购货全过程的会计处理如下。

（1）预付款项时：

借：预付账款——B 公司　　20 000

　　贷：银行存款　　20 000

（2）收到货物时：

借：原材料　18 000
　　应交税费——应交增值税（进项税额）　3 060
　　贷：预付账款——B 公司　21 060

（3）补付价款时：

借：预付账款——B 公司　1 060
　　贷：银行存款　1 060

二、应付账款

“应付账款”科目核算企业因购买材料、商品和接受劳务等经营活动应支付的款项。

金融企业应支付但尚未支付的手续费和佣金，可将“应付账款”科目改为“2202 应付手续费及佣金”科目，并按照对方单位（或个人）进行明细核算。

保险企业应支付但尚未支付的赔付款项，可以单独设置“应付赔付款”科目。

“应付账款”科目可按债权人进行明细核算。期末贷方余额，反映企业尚未支付的应付账款余额。

1. 应付账款发生的账务处理

企业购入材料、商品等验收入库，但货款尚未支付，根据有关凭证（发票账单、随货同行发票上记载的实际价款或暂估价值），借记“材料采购”、“在途物资”等科目，按应付的款项，贷记“应付账款”科目。

接受供应单位提供劳务而发生的应付未付款项，根据有关凭证借记“生产成本”、“管理费用”等科目，贷记“应付账款”科目。

上述交易涉及增值税进项税额的，还应进行相应的处理。

2. 偿付应付账款的账务处理

企业以低于应付债务账面价值的现金清偿债务的，应按应付账款的账面余额，借记“应付账款”科目，按实际支付的金额，贷记“银行存款”科目，按其差额，贷记“营业外收入——债务重组利得”科目。

以修改其他债务条件进行清偿的，应将重组债务的账面余额与重组后债务的公允价值的差额，借记“应付账款”科目，贷记“营业外收入——债务重组利得”科目。

以债务转为资本，应按应付账款的账面余额，借记“应付账款”科目，按债权人因放弃债权而享有的股权的公允价值，贷记“实收资本（或股本）”、“资本公积——资本溢价（或股本溢价）”等科目，按其差额，贷记“营业外收入——债务重组利得”科目。

企业以非现金资产清偿债务的，应按应付账款的账面余额，借记“应付账款”科目，按用于清偿债务的非现金资产的公允价值，贷记“交易性金融资产”、“主营业务收入”、“固定资产清理”等科目，按应支付的相关税费，贷记“应交税费”等科目，按其差额，贷记“营业外收入”或借记“营业外支出”等科目。

【例7－13】 某企业于2012年4月1日向A公司赊购一批包装物，专用发票列明材料价款10 000元、增值税额1 700元，共计11 700元，现金折扣的条件为1/10、n/30，包装物已经验收入库。设企业采用实际成本对包装物进行核算。编制上述经济业务的会计分录。

（1）包装物验收入库时：

借：原材料——包装物	10 000	
应交税费——应交增值税（进项税额）	1 700	
贷：应付账款——A公司		11 700

（2）若10天内付款，可获得117元的折扣，用以冲减财务费用：

借：应付账款——A公司	11 700	
贷：银行存款		11 583
财务费用		117

（3）若10天之后付款：

借：应付账款——A公司	11 700	
贷：银行存款		11 700

三、应付职工薪酬

“应付职工薪酬”科目核算企业根据有关规定应付给职工的各种薪酬。外商企业按规定从净利润中提取的职工奖励及福利基金，也在应付职工薪酬科目核算。

“应付职工薪酬”科目可按“工资”、“职工福利”、“社会保险费”、“住房公积金”、“工会经费”、“职工教育经费”、“非货币性福利”、“辞退福利”、“股份支付”等进行明细核算。“应付职工薪酬”科目期末贷方余额，反映企业应付未付的职工薪酬。

1. 计提应付职工薪酬的账务处理

计提应付职工薪酬时，企业应区分收益对象，在贷记“应付职工薪酬”的同时，借记“生产成本”、“制造费用”、“劳务成本”、“在建工程”、“研发支出”、“管理费用”、“销售费用”等科目。

2. 支付应付职工薪酬的账务处理

（1）货币性职工薪酬。

货币性职工薪酬支付时，借记“应付职工薪酬”科目，贷记“银行存款”等科目。

（2）非货币性职工薪酬。

以自产产品作为非货币性福利发放给职工时，视同销售，借记“应付职工薪酬”科目，贷记“主营业务收入”科目，同时结转产品成本。

无偿向职工提供住房等固定资产使用时，按期计提折旧，借记“应付职工薪酬”科目，贷记“累计折旧”科目。

租赁住房等资产供职工无偿使用时，按每期支付租金时，借记“应付职工薪酬”科目，贷记“银行存款”等科目。

【例 7－14】 某企业 2011 年 12 月应付工资总额为 462 000 元，其中，产品生产人员工资为 320 000 元，车间管理人员工资为 70 000 元，企业行政管理人员工资为 60 400 元，销售人员工资为 11 600 元。编制工资的会计分录。

（1）计提应付职工薪酬时：

借：生产成本	320 000	
制造费用	70 000	
管理费用	60 400	
销售费用	11 600	
贷：应付职工薪酬——工资		462 000

（2）实际支付工资时：

借：应付职工薪酬——工资	462 000	
贷：银行存款		462 000

【例 7－15】 某企业将一批外购商品作为福利发给生产工人，该批商品买价 50 000 元，增值税 8 500 元；不含税市场价 60 000 元，关于这笔经济业

务，会计分录如下。

（1）计提应付职工薪酬时，按产品的市场价格计算：

借：生产成本	70 200	
贷：应付职工薪酬——非货币性福利		70 200

（2）实际发放该产品给生产工人时，确认营业收入：

借：应付职工薪酬——非货币性福利	70 200	
贷：主营业务收入		60 000
应交税费——应交增值税（销项税额）		10 200

（3）结转产品成本：

借：主营业务成本	50 000	
贷：库存商品		50 000

【例7－16】 某企业为10名部门经理每人免费提供一辆小车使用，每辆车月折旧1 000元；为5名高管每人租一套住房，每套月租10 000元，编制相关会计分录。

（1）将发生的或应付的费用计入职工薪酬时：

借：管理费用	60 000	
贷：应付职工薪酬——非货币性福利		60 000

（2）每月计提折旧、支付租金时：

借：应付职工薪酬——非货币性福利	60 000	
贷：累计折旧		10 000
银行存款		50 000

【例7－17】 某企业有10名职工愿意接受辞退，按照新《劳动合同法》规定，企业将一次性补偿给每人6万元。相关会计分录如下。

借：管理费用	600 000	
贷：应付职工薪酬——辞退福利		600 000

四、应交税费

“应交税费”科目核算企业按照税法等规定计算应交纳的各种税费，包括增值税、消费税、营业税、所得税、资源税、土地增值税、城市维护建设税、房产税、土地使用税、车船使用税、教育费附加、矿产资源补偿费等。企业代扣代交的个人所得税等，也通过“应交税费”科目核算。“应交税费”科目可按应交的税费项目进行明细核算。

1. 应交增值税的账务处理

一般纳税人和小规模纳税人销售货物或者提供加工、修理修配劳务，应交纳增值税。为了核算企业应交增值税的发生、抵扣、进项转出、计提、交纳、退还等情况，应在“应交税费”科目下设置“应交增值税”进行明细核算，而“应交增值税”还应分“进项税额”、“销项税额”、“出口退税”、“进项税额转出”、“已交税金”等设置专栏。期末贷方余额，反映企业尚未交纳的税费；期末如为借方余额，反映企业多交或尚未抵扣的税费。

【例 7－18】 某企业为一般纳税人，2012 年 2 月 15 日购进一批材料，增值税专用发票上注明的材料价款及运杂费等共计 5 500 元，增值税率为 17%，货款已通过银行转账支付，材料已经到达并验收入库。该企业当期销售产品收入为 20 000 元（不含向购货方收取的增值税），货款尚未收到，假设该产品不交纳消费税，企业账务处理如下：

（1）企业购入并验收入库时：

借：原材料	5 500	
应交税费——应交增值税（进项税额）	935	
贷：银行存款		6 435

（2）企业销售产品确认营业收入时：

借：应收账款	23 400	
贷：主营业务收入		20 000
应交税费——应交增值税（销项税额）		3 400

（3）假如企业本月用银行存款支付增值税 1 500 元，则相应会计分录为：

借：应交增值税——应交增值税（已交税金）	1 500	
贷：银行存款		1 500

---

2. 应交营业税的账务处理

营业税是对在我国境内提供应税劳务、转让无形资产或销售不动产的单位和个人，就其所取得的营业额征收的一种税。

提供应税劳务缴纳营业税，应借记“营业税金及附加”科目，贷记“应交税费——应交营业税”科目；

房地产开发企业销售不动产缴纳营业税，应借记“营业税金及附加”科目，贷记“应交税费——应交营业税”科目；

非房地产开发企业出售不动产缴纳营业税，借记“固定资产理”科目，贷记“应交税费——应交营业税”科目；

转让无形资产使用权时，收入计入“其他业务收入”科目，应缴纳的营业税应借记“营业税金及附加”科目，贷记“应交税费——应交营业税”科目；

出售无形资产时，不确认收入，将应缴纳的营业税贷记“应交税费——应交营业税”科目，将出售无形资产获得的金额扣除无形资产的账面价值、应缴税费后的盈利计入营业外收入，亏损计入营业外支出。

【例7－19】 某邮政公司2012年2月份取得报刊发行收入额为141 000元，出售各类邮政物品取得收入7 800元，经营其他邮政业务取得收入2 300元。营业税税率为3%，作出计提应交营业税的会计分录如下。

2012年2月，应纳税额＝（141 000＋7 800＋2 300）×3%＝4 533（元）。

借：营业税金及附加　　4 533

　　贷：应交税费——应交营业税　　4 533

【例7－20】 某企业是非房地产开发企业，2012年2月，该企业出售一幢厂房，厂房原价为80万元，已提折旧20万元，售价为70万元，以银行存款支付清理费用2万元。编制上述经济业务的会计分录。

（1）将固定资产账面价值转入固定资产清理科目：

借：固定资产清理　　600 000

　　累计折旧　　200 000

　　贷：固定资产　　800 000

（2）支付清理费用时：

借：固定资产清理　　20 000

　　贷：银行存款　　20 000

（3）计算应纳营业税时：

应纳营业税税额＝700 000×5%＝35 000（元）。

借：固定资产清理　　35 000

　　贷：应交税费——应交营业税　　35 000

（4）取得销售固定资产的款项时：

借：银行存款　　700 000

贷：固定资产清理		655 000
营业外收入		45 000
（5）缴纳营业税时：		
借：应交税费——应交营业税	35 000	
贷：银行存款		35 000

五、借款

1. 短期借款的账务处理

“短期借款”科目核算企业向银行或其他金融机构等借入的，期限在1年以下（含1年）的各种借款。

“短期借款”科目可按借款种类、贷款人和币种进行明细核算。借入短期借款时，按借入金额借记“银行存款”科目，贷记“短期借款”科目；持有期内按要求计提借款利息，借记“财务费用”科目，贷记“应付利息”科目；支付利息时，借记“应付利息”科目，贷记“银行存款”科目；归还借款时，借记“短期借款”科目，贷记“银行存款”科目。期末贷方余额，反映企业尚未偿还的短期借款。

2. 长期借款的账务处理

“长期借款”科目核算企业向银行或其他金融机构借入的，期限在1年以上（不含1年）的各项借款。

“长期借款”科目可按贷款单位和贷款种类，分“本金”、“利息调整”等进行明细核算。期末贷方余额，反映企业尚未偿还的长期借款。

（1）取得长期借款的财务处理。

取得长期借款时，按实际获得的金额借记“银行存款”科目，贷记“长期借款（本金）”科目；按发生的交易费用，借记“长期借款（交易费用）”科目，按其差额，贷记或借记“长期借款（利息调整）”科目。

（2）资产负债表日的账务处理。

应按摊余成本和实际利率计算确定的长期借款的利息费用，借记“在建工程”、“制造费用”、“财务费用”、“研发支出”等科目，贷记“应付利息”科目，按两者的差额，借记或贷记“长期借款（利息调整）”科目。

支付利息时，借记“应付利息”、“应计利息”等科目，贷记“银行存款”科目。

（3）归还长期借款本金的账务处理。

借记“长期借款（本金）、（利息调整）”等科目，贷记“银行存款”科目。

【例7-21】 某企业为建造一幢厂房，于2009年1月1日借入期限为2年的长期专门借款1 500 000元，款项已存入银行。借款利率按市场利率确定为9%，每年付息一次，期满后一次还清本金。2009年年初，该企业以银行存款支付工程价款共计900 000元，2010年年初，又以银行存款支付工程费用600 000元，该厂房于2010年8月31日完工，达到预定可使用状态。假定不考虑闲置专门借款资金存款的利息收入或者投资收益。该企业有关账务处理如下。

（1）2009年1月1日，取得借款时：

借：银行存款	1 500 000	
贷：长期借款——本金		1 500 000

（2）2009年年初，支付工程款时：

借：在建工程——厂房	900 000	
贷：银行存款		900 000

（3）2009年12月31日，计算2009年应计入工程成本的利息费用时：

借款利息=1 500 000×9%=135 000（元）。

借：在建工程——厂房	135 000	
贷：应付利息——某银行		135 000

（4）2009年12月31日，支付借款利息时：

借：应付利息——某银行	135 000	
贷：银行存款		135 000

（5）2010年初，支付工程款时：

借：在建工程——厂房	600 000	
贷：银行存款		600 000

（6）2010年8月31日，工程达到预定可使用状态时：

该期应计入工程成本的利息=（1 500 000×9%÷12）×8=90 000（元）。

借：在建工程——厂房	90 000	
贷：应付利息——某银行		90000
借：固定资产——厂房	1 725 000	
贷：在建工程——某厂房		1 725 000

（7）2010年12月31日，计算2010年9月至12月的利息费用时：

应计入财务费用的利息＝（1 500 000×9%÷12）×4＝45 000（元）。

借：财务费用　　45 000

　　贷：应付利息——某银行　　45 000

（8）2010年12月31日，支付利息时：

借：应付利息——某银行　　135 000

　　贷：银行存款　　135 000

（9）2011年1月1日，到期还本时：

借：长期借款——本金　　1 500 000

　　贷：银行存款　　1 500 000

第四节　资本的增减

一、接受投资

“实收资本”科目核算投资者作为资本投入企业的各种财产。贷方登记资本投入的增加额，借方登记资本变动时的冲转减少额。其中，贷方余额表示企业实际收到投资者投入的资本总额。

股份有限公司应将本科目改为“4001 股本”科目。

投资者实际出资金额大于其在企业注册资本中拥有份额的部分为资本溢价，计入“资本公积”科目。

（1）接受现金资产投资的账务处理。

企业接受投资者投入的现金资本，按实际收到或者存入企业开户银行的金额，借记“银行存款”科目，按投资者在注册资本或股本中所占份额贷记“实收资本”科目，并按差额贷记“资本公积”科目。会计分录如下。

借：银行存款

　　贷：实收资本（按投资者在注册资本或股本中所占份额）

　　　　资本公积——资本溢价或股本溢价（按其差额）

（2）接受非现金资产投资的账务处理。

企业接受投资者投入的非现金资产资本，应按投资各方确认的价值，借记有关资产科目，按投资者在注册资本或股本中所占份额贷记“实收资本”科目，并按差额贷记“资本公积”科目。投资者以固定资产、无形资产（首次公开发行时的对价）、长期股权投资等投入企业时，会计分录如下。

借：固定资产、无形资产、长期股权投资等

贷：实收资本（按投资者在注册资本或股本中所占份额）

资本公积——资本溢价或股本溢价（按其差额）

（3）分配的股票股利增资的会计分录。

借：利润分配

贷：实收资本

（4）资本公积转增资本的会计分录。

借：资本公积——资本溢价或股本溢价

贷：实收资本

（5）盈余公积转增资本的会计分录。

借：盈余公积

贷：实收资本

（6）将可转换债券转换为股票的会计分录。

借：应付债券——可转换公司债券（按该科目余额）

资本公积——其他资本公积（按其权益成份的金额）

贷：实收资本（按股票面值和转换的股数计算的股票面值总额）

资本公积——股本溢价（按其差额）

（7）通过债务重组将负债转为资本的会计分录。

借：应付账款等

贷：实收资本（按债权人因放弃债权而享有本企业股份的面值总额）

贷或借：资本公积——资本溢价或股本溢价（按股份的公允价值总额与相应的实收资本的差额）

营业外收入——债务重组利得（按其差额）

（8）以权益结算的股份支付换取职工或其他方提供服务的，在行权日的会计分录。

借：资本公积——其他资本公积（按实际行权情况确定的金额）

贷：实收资本

【例7-22】 2009年1月10日，甲、乙、丙三人共同投资设立某企业，原注册资本为5 000 000元，甲、乙、丙分别出资1 000 000元、2 500 000元和1 500 000元。

2010年4月8日，经批准，某企业注册资本扩大为6 000 000元，甲、乙、丙按照原出资比例分别追加投资元 200 000 元、500 000 元和 300 000 元；

2011 年 1 月 10 日，经批准，某企业按原出资比例将资本公积 1 000 000 元转增资本。

2012 年 1 月 10 日，经批准，某企业按原出资比例将盈余公积 1 000 000 元转增资本。

（1）2009 年 1 月 10 日，首次收到出资者出资时：

借：银行存款　　5 000 000

　　贷：实收资本——甲　　1 000 000

　　　　　　　　——乙　　2 500 000

　　　　　　　　——丙　　1 500 000

（2）2010 年 4 月 8 日，出资者按原出资比例追加投资 100 万元：

借：银行存款　　1 000 000

　　贷：实收资本——甲　　200 000

　　　　　　　　——乙　　500 000

　　　　　　　　——丙　　300 000

（3）2011 年 1 月 10 日，资本公积转增资本：

借：资本公积　　1 000 000

　　贷：实收资本——甲　　200 000

　　　　　　　　——乙　　500 000

　　　　　　　　——丙　　300 000

（4）2012 年 1 月 10 日，盈余公积转增资本：

借：盈余公积　　1 000 000

　　贷：实收资本——甲　　200 000

　　　　　　　　——乙　　500 000

　　　　　　　　——丙　　300 000

二、实收资本的减少

（1）企业按法定程序报经批准减少注册资本的，会计分录如下。

借：实收资本

　　贷：库存现金、银行存款等

（2）股份有限公司采用收购本公司股票方式减资时，应按股票面值借记“股本”科目，超过面值付出的价格，分如下情况处理：如果股票溢价发行，应首先冲销股票发行时的溢价收入，减少资本公积；不足部分，凡提有盈余公积的，冲销盈余公积；如盈余公积仍不足以支付收购款的，冲销未分配利润。如果股票平价发行，直接冲销盈余公积、未分配利润。

借：库存股（按实际支付的金额）

　　贷：银行存款

借：股本

　　资本公积——股本溢价（按其差额）

　　盈余公积、利润分配——未分配利润（股本溢价不足冲减的）

　　贷：库存股

(3) 中外合作经营企业在合作期间归还投资者的投资，会计分录如下。

借：实收资本（已归还投资）

　　贷：银行存款等

借：利润分配——利润归还投资

　　贷：盈余公积——利润归还投资

中外合作经营清算，会计分录如下。

借：实收资本

　　资本公积

　　盈余公积

　　利润分配——未分配利润

　　贷：银行存款

　　　　实收资本（已归还投资）

【例7-23】 某企业2010年12月31日的股本为100 000 000股，面值为1元，资本公积（股本溢价）为30 000 000元，盈余公积为50 000 000元。经股东大会批准，某企业以现金回购本公司股票10 000 000股并注销。假定按每股2元回购股票，不考虑其他因素，某企业应编制的会计分录如下。

(1) 回购本公司股份时：

库存股成本 = 10 000 000 × 2 = 20 000 000（元）。

借：库存股	20 000 000	
贷：银行存款		20 000 000

(2) 注销本公司股份时：

应冲减的资本公积 = 10 000 000 × 2 − 10 000 000 × 1 = 10 000 000（元）。

借：股本	10 000 000	
资本公积——股本溢价	10 000 000	

贷：库存股　20 000 000

【例7-24】　接【例7-23】，如果按每股5元回购股票，不考虑其他因素，某企业应编制的会计分录如下。

（1）回购本公司股份时：

库存股成本＝10 000 000×5＝50 000 000（元）。

借：库存股　50 000 000

贷：银行存款　50 000 000

（2）注销本公司股份时：

回收库存股成本高于股本面值的部分＝10 000 000×5－10 000 000×1＝40 000 000（元），大于股本溢价的30 000 000元，所以应冲减资本公积（股本溢价）30 000 000元，冲减盈余公积10 000 000元。

借：股本　10 000 000

资本公积——股本溢价　30 000 000

盈余公积　10 000 000

贷：库存股　50 000 000

第五节　收入、成本和费用

一、收入

“主营业务收入”科目用于核算企业在销售商品、提供劳务及让渡资产使用权等日常活动中所产生的收入。在“主营业务收入”科目下，应按照主营业务的种类设置明细账，进行明细核算。期末，应将“主营业务收入”科目的余额转入“本年利润”科目，结转后本科目应无余额。

“其他业务收入”科目用于核算企业除主营业务收入以外的其他销售或其他业务的收入，如材料销售、代购代销、包装物出租等收入。在“其他业务收入”科目下，应按其他业务的种类，如“材料销售”、“代购代销”、“包装物出租”等设置明细账，进行明细核算。期末，应将“其他业务收入”科目的余额转入“本年利润”科目，结转后本科目应无余额。

（1）企业销售商品时，应按实际收到或应收的金额核算，会计分录如下。

借：银行存款、应收账款、应收票据等

贷：主营业务收入（按确认的营业收入）

应交税费——应交增值税（销项税额）

结转销售成本：

借：主营业务成本

贷：库存商品

（2）企业提供劳务时，应按实际收到的金额核算，会计分录如下。

借：银行存款、应收账款、应收票据等

贷：主营业务收入

若劳务在同一会计期间内开始并完成，应在劳务完成时确认收入，确认的金额为合同或协议总金额；若劳务的开始和结束分属于不同的会计期间，应在资产负债表日，通过协议金额乘以劳务的完工百分比确认提供劳务的收入。

（3）商品已发出，不符合收入确认条件时，会计分录如下。

借：发出商品

贷：库存商品

实现营业收入时：

借：银行存款、应收账款、应收票据等

贷：主营业务收入

应交税费——应交增值税（销项税额）

结转销售成本：

借：主营业务成本

贷：发出商品

（4）采用分期收款、具有融资性质的销售商品或提供劳务满足收入确认条件的，会计分录如下。

借：长期应收款

贷：主营业务收入（按应收合同或协议价款的公允价值（折现值））

未实现融资收益（按其差额）

（5）发生销售退回时，会计分录如下。

① 对于未确认收入的售出商品发生的销售退回。

借：库存商品

贷：发出商品

借：应交税费——应交增值税（销项税额）

贷：应收账款

② 对于已确认收入的售出商品发生的销售退回。

借：主营业务收入

应交税费——应交增值税（销项税额）

贷：银行存款、应收账款、应收票据等

借：库存商品

贷：主营业务成本

（6）通过视同买断的代销方式销售商品时。

① 委托方收到代销清单时，会计分录如下。

借：应收账款、应收票据等

贷：主营业务收入

应交税费——应交增值税（销项税额）

结转销售成本：

借：主营业务成本

贷：发出商品

② 通过视同买断的代销方式销售商品时，受托方收到商品时，会计分录如下。

借：受托代销商品

贷：代销商品款

实际销售时，会计分录如下。

借：银行存款

贷：主营业务收入

应交税费——应交增值税（销项税额）

借：主营业务成本

贷：受托代销商品

借：代销商品款

贷：应付账款

按合同协议价将款项付给委托方时，会计分录如下。

借：应付账款

应交税费——应交增值税（进项税额）

贷：银行存款

（7）通过收取手续费的代销方式销售商品时。

① 委托方在将商品交付受托方时，会计分录如下。

借：委托代销商品

贷：库存商品

收到代销清单时，会计分录如下：

借：应收账款

贷：主营业务收入

应交税费——应交增值税（销项税额）

借：销售费用——代销手续费

贷：应收账款

收到货款时，会计分录如下：

借：银行存款

贷：应收账款

② 通过收取手续费的代销方式销售商品时，受托方收到商品时，会计分录如下。

借：受托代销商品

贷：代销商品款

实际销售时，会计分录如下：

借：银行存款

贷：应付账款

应交税费——应交增值税（销项税额）

借：应交税费——应交增值税（进项税额）

贷：应付账款

借：代销商品款

贷：受托代销商品

归还商品款给委托给并计算代销手续费时，会计分录如下：

借：应付账款

贷：银行存款

主营业务收入

（8）确认建造合同收入，按应确认的合同费用核算，会计分录如下。

① 工程施工过程中，发生相关合同成本：

借：工程施工（生产成本）——工程项目

工程施工——间接费用

贷：应付职工薪酬、库存材料、累计折旧等

② 登记已结算的合同价款：

借：应收账款

贷：工程结算

③ 登记实际收到的合同价款：

借：银行存款

贷：应收账款

④ 资产负债表日确认合同收入和支出：

借：主营业务成本

　　贷：主营业务收入（按应确认的合同收入）

　　　　借或贷：工程施工——合同毛利（按其差额）

⑤ 合同预计总成本超过合同预计总收入时，将预计损失确认为资产减值损失：

借：资产减值损失

　　贷：存货跌价准备

⑥ 工程全部完工，“存货跌价准备”科目余额冲减“主营业务成本”

借：存货跌价准备

　　贷：主营业务成本

⑦“工程施工”科目余额与“工程结算”科目余额相对冲：

借：工程结算

　　贷：工程施工——合同成本

　　　　　　　　——合同毛利

【例7-25】 某企业2009年4月20日以托收承付方式向A企业销售一批商品，成本为70 000元，增值税发票上注明价款为100 000元，增值税17 000元。该批商品已经发出，并已向银行办妥托收手续。此时A企业发生巨额损失，资金周转十分困难。经交涉，此项收入目前收回的可能性不大。某企业应编制如下会计分录。

（1）将已发出的商品成本转入“发出商品”科目：

借：发出商品	70 000	
贷：库存商品		70 000

（2）将增值税发票上注明的增值税额作如下处理：

借：应收账款	17 000	
贷：应交税费——应交增值税（销项税额）		17 000

（3）11月5日，A企业经营情况逐渐好转，并承诺近期向某企业付款，此时，某企业应确认营业收入，并结转成本：

借：应收账款	100 000	
贷：主营业务收入		100 000
借：主营业务成本	70 000	
贷：发出商品		70 000

（4）12月28日，某企业收到款项时，作如下会计分录：

借：银行存款　　117 000
　　贷：应收账款　　117 000

【例7-26】 某企业在2009年12月18日向A公司销售一批商品，开出的增值税专用发票上注明的销售价款为100 000元，增值税额为17 000元。该批商品成本为60 000元。为及早收回货款，某企业和A公司约定的现金折扣条件为：2/10，1/20，n/30。A公司在2009年12月27日支付货款。2010年4月8日，该批商品因质量问题被A公司退回，某企业当日支付有关款项。假定计算现金折扣时不考虑增值税，销售退回不属于资产负债表日后事项。某企业应做如下账务处理：

（1）2009年12月18日销售实现时，按销售总价确认收入时：

借：应收账款　　117 000
　　贷：主营业务收入　　100 000
　　　　应交税费——应交增值税（销项税额）　　17 000
借：主营业务成本　　60 000
　　贷：库存商品　　60 000

（2）在2009年12月27日收到货款时，按销售总价100 000元的2%享受现金折扣2 000（100 000×2%）元，实际收款115 000（117 000－2 000）元：

借：银行存款　　115 000
　　财务费用　　2 000
　　贷：应收账款　　117 000

（3）2010年4月8日发生销售退回时：

借：主营业务收入　　100 000
　　应交税费——应交增值税（销项税额）　　17 000
　　贷：银行存款　　115 000
　　　　财务费用　　2 000
借：库存商品　　60 000
　　贷：主营业务成本　　60 000

【例7-27】 A企业委托B公司销售商品300件，商品已经发出，每件成本为50元。合同约定B公司应按每件100元对外销售，A企业按售价的10%向B公司支付手续费。B公司对外实际销售200件，开出的增值税专用发票上注明的销售价款为20 000元，增值税额为3 400元，款项已经收到。A企业收到B公司开具的代销清单时，向B公司开具一张相同金额的增值税专用发票。假定A企业发出商品时纳税义务尚未发生，不考虑其他因素。

A企业的账务处理如下。

（1）发出商品时：

借：委托代销商品	15 000	
贷：库存商品		15 000

（2）收到代销清单时：

借：应收账款	23 400	
贷：主营业务收入		20 000
应交税费——应交增值税（销项税额）		3 400
借：主营业务成本	10 000	
贷：委托代销商品		10 000
借：销售费用	2 000	
贷：应收账款		2 000

（3）收到B公司支付的货款时：

借：银行存款	21 400	
贷：应收账款		21 400

B公司相应做如下账务处理。

（1）收到商品时：

借：受托代销商品	30 000	
贷：受托代销商品款		30 000

（2）对外销售时：

借：银行存款	23 400	
贷：应付账款		20 000
应交税费——应交增值税（销项税额）		3 400

（3）收到增值税专用发票时：

借：应交税费——应交增值税（进项税额）	3 400	
贷：应付账款		3 400
借：受托代销商品款	20 000	
贷：受托代销商品		20 000

（4）支付货款并计算代销手续费时：

借：应付账款	23 400	
贷：银行存款		21 400

主营业务收入　　2 000

【例7-28】　A企业于2009年10月1日与C公司签订合同，为C公司订制一项软件，工期大约5个月，合同总收入8 000 000元。至2009年12月31日，A企业已发生成本4 000 000元（假定均为开发人员薪酬），预收账款6 000 000元。A企业预计还将发生成本2 000 000元。2009年12月31日，经专业测量师测量，该软件的完工进度为60%。假定A企业按季度编制财务报表，则相应账务处理如下。

（1）实际发生劳务成本时：

借：劳务成本　　4 000 000

　　贷：应付职工薪酬　　4000 000

（2）预收劳务款项时：

借：银行存款　　6 000 000

　　贷：预收账款　　6 000 000

（3）2009年12月31日确认提供劳务收入并结转劳务成本时：

2009年12月31日确认提供劳务收入＝8 000 000×60%＝4 800 000（元）；

2009年12月31日确认提供劳务成本＝（4 000 000＋2 000 000）×60%＝3 600 000（元）。

借：预收账款　　4 800 000

　　贷：主营业务收入　　4 800 000

借：主营业务成本　　3 600 000

　　贷：劳务成本　　3 600 000

【例7-29】　某企业签订了一项总金额为2 700 000元的固定造价合同，合同完工进度按照累计实际发生的成本占合同预计总成本的比例确定。工程已于2009年2月开工，预计2011年9月完工。最初预计的工程总成本为2 500 000元。2010年年底，由于材料价格上涨等因素调整了预计总成本，工程预计成本已为3 000 000元。2011年7月企业提前两个月完成了建造合同，工程质量优良，客户同意支付奖励款300 000元。

该工程的其他资料见表7-1。

表 7-1 其他资料

单位：元

项目	2009 年	2010 年	2011 年
累计实际发生成本	800 000	2 100 000	2 950 000
预计完成合同尚需发生成本	1 700 000	900 000	—
结算合同价款	1 000 000	1 100 000	900 000
实际收到价款	800 000	900 000	1 300 000

某企业对本项建造合同的有关账务处理如下。

（1）2009 年账务处理如下。

① 登记实际发生的合同成本：

借：工程施工——合同成本　　800 000

　　贷：原材料、应付职工薪酬、机械作业等　　800 000

② 登记已结算的合同价款：

借：应收账款　　1 000 000

　　贷：工程结算　　1 000 000

③ 登记实际收到的合同价款：

借：银行存款　　800 000

　　贷：应收账款　　800 000

④ 确认计量当年的合同收入和费用，并登记入账：

2009 年的完工进度 = 800 000 ÷ (800 000 + 1 700 000) × 100% = 32%；

2009 年确认的合同收入 = 2 700 000 × 32% = 864 000(元)；

2009 年确认的合同费用 = (800 000 + 1700 000) × 32% = 800 000（元）；

2009 年确认的合同毛利 = 864 000 − 800 000 = 6 4000(元)。

借：主营业务成本　　800 000

　　工程施工——合同毛利　　64 000

　　贷：主营业务收入　　864 000

（2）2010 年的账务处理如下。

① 登记实际发生的合同成本：

借：工程施工——合同成本　　1 300 000

　　贷：原材料、应付职工薪副、机械作业等　　1 300 000

② 登记结算的合同价款：

借：应收账款　　1 100 000

贷：工程结算　　1 100 000

③ 登记实际收到的合同价款：

借：银行存款　　900 000

贷：应收账款　　900 000

④ 确认计量当年的合同收入和费用，并登记入账：

2010 年的完工进度 =2 100 000 ÷(2 100 000 +900 000) ×100% =70%；

2010 年确认的合同收入 =2 700 000 ×70% －864 000 =1 026 000(元)；

2010 年确认的合同费用 =(2 100 000 +900 000) ×70% －800 000 =1 300 000(元)；

2010 年确认的合同毛利 =1 026 000 －1 300 000 = －274 000(元)；

2010 年确认的合同预计损失 =(2 100 000 +900 000 －2 700 000) ×(1 －70%) =90 000(元)。

注：在 2010 年年底，由于该合同预计总成本(3 000 000 元) 大于合同总收入(2 700 000 元)，预计发生损失总额为 300 000 元，由于已在“工程施工——合同毛利”中反映了 －210 000(64 000 －274 000) 元的亏损，因此应将剩余的、为完成工程将发生的预计损失 90 000 元确认为当期费用。

借：主营业务成本　　1 300 000

贷：主营业务收入　　1 026 000

工程施工——合同毛利　　274 000

借：资产减值损失　　90 000

贷：存货跌价准备　　90 000

(3) 2011 年的账务处理如下。

① 登记实际发生的合同成本：

借：工程施工——合同成本　　850 000

贷：原材料、应付职工薪酬、机械作业等　　850 000

② 登记结算的合同价款：

借：应收账款　　900 000

贷：工程结算　　900 000

③ 登记实际收到的合同价款：

借：银行存款　　1 300 000

贷：应收账款　　1 300 000

④ 确认计量当年的合同收入和费用，并登记入账：

2011 年确认的合同收入 =(2 700 000 +300 000) －(864 000 +1 026 000) =1 110 000(元)；

2011 年确认的合同费用 = 2 950 000 - 800 000 - 1 300 000 = 850 000(元);

2011 年确认的合同毛利 = 1 110 000 - 850 000 = 260 000(元)。

借：主营业务成本　850 000

　　工程施工——合同毛利　260 000

　　贷：主营业务收入　1 110 000

⑤ 2011 年工程全部完工，应将“存货跌价准备”科目相关余额冲减“主营业务成本”，将“工程施工”科目的余额与“工程结算”科目的余额相对冲：

借：存货跌价准备　90 000

　　贷：主营业务成本　90 000

借：工程结算　3 000 000

　　贷：工程施工——合同成本　2 950 000

　　　　　　　　——合同毛利　50 000

二、成本

1. 发生直接材料、直接人工、制造费用的账务处理

“生产成本”科目核算企业进行工业性生产发生的各项生产成本，包括生产各种产品（产成品、自制半成品等）、自制材料、自制工具、自制设备等，可以分设基本生产成本和辅助生产成本账户核算。期末借方余额，反映企业尚未加工完成的在产品成本或尚未收获的农产品成本。

企业（农业）进行农业生产发生的各项生产成本，可将本科目改为“5001 农业生产成本”科目，并分种植业、畜牧养殖业、林业和水产业确定成本核算对象（消耗性生物资产、生产性生物资产、公益性生物资产和农产品）和成本项目，进行费用的归集和分配。

企业（房地产开发）可将本科目改为“5001 开发成本”科目。

（1）企业发生的各项直接生产成本，会计分录如下。

借：生产成本（基本生产成本或辅助生产成本）

　　贷：原材料、库存现金、银行存款、应付职工薪酬等

（2）各生产车间应负担的制造费用，会计分录如下。

借：生产成本（基本生产成本或辅助生产成本）

　　贷：制造费用

（3）辅助生产车间为基本生产车间、企业管理部门和其他部门提供劳务和产品，期末按照一定的分配标准分配给各受益对象，会计分录如下。

借：生产成本（基本生产成本）、管理费用、销售费用、其他业务成本、在建工程等

贷：生产成本（辅助生产成本）

（4）企业已经生产完成并已验收入库的产成品以及入库的自制半成品，应于期末核算，会计分录如下。

借：库存商品等

贷：生产成本（基本生产成本）

2. 制造费用在不同产品之间分配的账务处理

制造费用包括产品生产成本中除直接材料和直接工资以外的其余一切生产成本，主要包括企业各个生产单位为组织和管理生产所发生的一切费用。

（1）生产车间发生的机物料消耗，会计分录如下。

借：制造费用

贷：原材料等

（2）发生的生产车间管理人员的工资等职工薪酬，会计分录如下。

借：制造费用

贷：应付职工薪酬

（3）生产车间计提的固定资产折旧，会计分录如下。

借：制造费用

贷：累计折旧

（4）生产车间支付的办公费、水电费等，会计分录如下。

借：制造费用

贷：银行存款等

（5）发生季节性的停工损失，会计分录如下。

借：制造费用

贷：原材料、应付职工薪酬、银行存款等

（6）将制造费用分配计入有关的成本核算对象，会计分录如下。

借：生产成本（基本生产成本、辅助生产成本）、劳务成本等

贷：制造费用

（7）季节性生产企业制造费用全年实际发生额与分配额的差额，除其中属于为下一年开工生产做准备的可留待下一年分配外，其余部分实际发生额大于分配额的差额的，会计分录如下。

借：生产成本——基本生产成本

贷：制造费用

实际发生额小于分配额的差额的，会计分录如下。

借：制造费用

　　贷：生产成本——基本生产成本

【例 7－30】　某企业有关资料如下（假定不考虑增值税）。

1. 2012 年 8 月 1 日，“生产成本”账户期初余额为 18 600 元，其中“生产成本——A 产品”明细账户余额为：直接材料 15 100 元，直接人工 2 300 元，制造费用 1 200 元。

2. 8 月份发生有关经济业务如下。

（1）8 月 3 日，基本生产车间管理人员王群预借差旅费 800 元，以现金支付。

（2）8 月 15 日，基本生产车间设备维修，以银行存款支付修理费 1 560 元。

（3）8 月 18 日，以银行存款购入办公用品 2 210 元，其中管理部门直接领用 400 元，其余由基本生产车间领用。

（4）8 月 20 日开出现金支票，提取现金 35 000 元，当日发放工资。

（5）8 月 30 日根据本月发料凭证汇总表，共领用材料 66 000 元，其中 A 产品用 42 000 元，B 产品用 14 000 元，基本生产车间一般耗用 4 000 元，企业管理部门耗用 6 000 元。

（6）8 月 30 日，王群回厂报销差旅费 910 元，补齐现金 110 元。

（7）8 月 30 日，分配本月工资费用，其中生产 A 产品工人工资 15 000 元，B 产品工人工资 5 000 元，基本生产车间管理人员工资 8 000 元，厂部管理人员工资 7 000 元。

（8）8 月 30 日，计提本月折旧 7 500 元，其中基本生产车间折旧费 6 000 元，企业管理部门折旧费 1 500 元。

要求：

1. 根据上述业务编制会计分录。

2. 按生产工人工资比例分配本月制造费用（列出计算过程）。

3. 本月 A 产品全部完工，B 产品尚未完工。结转 A 产品完工成本。

4. 登记“生产成本——A 产品”明细分类账户的期初余额和本期发生额，结出该账户期末余额。

1. 8 月份某企业编制会计分录如下。

（1）8 月 3 日，王群预借差旅费时：

借：其他应收款——王群　　　　800

　　贷：库存现金　　　　　　　　800

(2) 8月15日，基本生产车间维修时：

借：制造费用	1 560	
贷：银行存款		1 560

(3) 8月18日，各部门领用办公用品：

借：管理费用	400	
制造费用	1 810	
贷：银行存款		2 210

(4) 8月20日，提取现金并支付工资

借：库存现金	35 000	
贷：银行存款		35 000
借：应付职工薪酬	35 000	
贷：库存现金		35 000

(5) 8月30日，原材料领用相关分录：

借：生产成本——A产品	42 000	
——B产品	14 000	
制造费用	4 000	
管理费用	6 000	
贷：原材料		66 000

(6) 8月30日，王群报销差旅费：

借：制造费用	910	
贷：其他应收款——王群		800
库存现金		110

(7) 8月30日，分配本月工资：

借：生产成本——A产品	15 000	
——B产品	5 000	
制造费用	8 000	
管理费用	7 000	
贷：应付职工薪酬		35 000

(8) 8月30日，计提折旧：

借：制造费用	6 000	
管理费用	1 500	
贷：累计折旧		7 500

2. 按生产工人工资比例分配本月制造费用。

制造费用 = 1 560 + 1 810 + 4 000 + 910 + 8 000 + 6 000 = 22 280（元）；

制造费用分配率 = 22 280 ÷ （15 000 + 5 000） = 1. 114；

A 产品应负担的制造费用 = 15 000 × 1. 114 = 16 710（元）；

B 产品应负担的制造费用 = 5 000 × 1. 114 = 5 570（元）。

分配制造费用的会计分录为：

借：生产成本——A 产品　　16 710

　　　　　　——B 产品　　5 570

　贷：制造费用　　22 880

3. 结转 A 产品成本：

借：库存商品——A 产品　　92 310

　贷：生产成本——A 产品　　92 310

4. 登记“生产成本——A 产品”明细分类账户，见表 7 – 2。

表 7 – 2　生产成本明细账

产品名称：A 产品

2012 年		业务号	摘要	成本项目			
月	日			直接材料	直接人工	制造费用	合计
8	1		期初余额	15 100	2 300	1 200	18 600
	30	5	领用材料	42 000			42 000
	30	7	分配工资		15 000		15 000
	30	9	分配制造费用			16 710	16 710
	30		本月合计	57 100	17 300	17 910	92 310
	30	10	结转完工产品成本	57 100	17 300	17 910	92 310

三、期间费用

1. 发生销售费用的账务处理

“销售费用”科目核算企业销售商品和材料、提供劳务的过程中发生的各种费用，包括保险费、包装费、展览费和广告费、商品维修费、预计产品质量保证损失、运输费、装卸费等以及为销售本企业商品而专设的销售机构（含销售网点、售后服务网点等）的职工薪酬、业务费、折旧费等经营费用。

企业发生的与专设销售机构相关的固定资产修理费用等后续支出，也在本科目核算。

金融企业应将本科目改为“6601 业务及管理费”科目，核算金融企业在业务经营和管理过程中所发生的各项费用，包括折旧费、业务宣传费、业务招待费、电子设备运转费、钞币运送费、安全防范费、邮电费、劳动保护费、外事费、印刷费、低值易耗品摊销、职工工资及福利费、差旅费、水电费、职工教育经费、工会经费、会议费、诉讼费、公证费、咨询费、无形资产摊销、长期待摊费用摊销、取暖降温费、聘请中介机构费、技术转让费、绿化费、董事会费、财产保险费、劳动保险费、待业保险费、住房公积金、物业管理费、研究费用、提取保险保障基金等。金融企业不应设置“管理费用”科目。

期末，应将“销售费用”科目余额转入“本年利润”科目，结转后“销售费用”科目无余额。

（1）企业在销售商品过程中发生的包装费、保险费、展览费和广告费、运输费、装卸费等费用，会计分录如下。

借：销售费用

　　贷：库存现金、银行存款

（2）发生的为销售本企业商品而专设的销售机构的职工薪酬、业务费等经营费用，会计分录如下。

借：销售费用

　　贷：应付职工薪酬、银行存款、累计折旧等

2. 发生管理费用的账务处理

“管理费用”科目核算企业为组织和管理企业生产经营所发生的管理费用，包括企业在筹建期间内发生的开办费、董事会和行政管理部门在企业的经营管理中发生的或者应由企业统一负担的公司经费（包括行政管理部门职工工资及福利费、物料消耗、低值易耗品摊销、办公费和差旅费等）、工会经费、董事会费（包括董事会成员津贴、会议费和差旅费等）、聘请中介机构费、咨询费（含顾问费）、诉讼费、业务招待费、房产税、车船使用税、土地使用税、印花税、技术转让费、矿产资源补偿费、研究费用、排污费等。

商品流通企业管理费用不多的，可不设置本科目，本科目的核算内容可并入“销售费用”科目核算。企业生产车间（部门）和行政管理部门等发生的固定资产修理费用等后续支出，也在本科目核算。

期末，应将本科目的余额转入“本年利润”科目，结转后“管理费用”科目无余额。

（1）企业在筹建期间内发生的开办费，包括人员工资、办公费、培训费、差旅费、印刷费、注册登记费以及不计入固定资产成本的借款费用等在实际发生时，会计分录如下。

借：管理费用

贷：银行存款等

（2）行政管理部门人员的职工薪酬，会计分录如下。

借：管理费用

贷：应付职工薪酬

（3）行政管理部门计提的固定资产折旧，会计分录如下。

借：管理费用

贷：累计折旧

（4）发生的办公费、水电费、业务招待费、聘请中介机构费、咨询费、诉讼费、技术转让费、研究费用，会计分录如下。

借：管理费用

贷：银行存款、研发支出等

（5）按规定计算确定的应交矿产资源补偿费、房产税、车船税、土地使用税，会计分录如下。

借：管理费用

贷：应交税费

3. 发生财务费用的账务处理

“财务费用”科目核算企业为筹集生产经营所需资金等而发生的筹资费用，包括利息支出（减利息收入）、汇兑损益以及相关的手续费、企业发生的现金折扣或收到的现金折扣等。期末，应将本科目余额转入“本年利润”科目，结转后“财务费用”科目无余额。

（1）企业发生的财务费用，会计分录如下。

借：财务费用

贷：银行存款、未确认融资费用等

（2）发生的应冲减财务费用的利息收入、汇兑损益、现金折扣，会计分录如下。

借：银行存款、应付账款等

贷：财务费用

【例7-31】 某企业在销售过程中发生如下经济业务。

（1）2012年3月1日为宣传新产品发生广告费30 000元，用银行存款支付。

（2）2012 年 3 月 12 日销售一批产品，销售过程中发生运输费 6 000 元、装卸费 1 500 元，用银行存款支付。

（3）2012 年 3 月 18 日用银行存款支付产品保险费 5 000 元。

（4）2012 年 3 月 31 日，计算本月销售机构的职工工资总额为 80 000 元，销售机构固定资产应计提折旧 7 800 元。

（5）将 2012 年 3 月份的“销售费用”结转到“本年利润”科目。

2012 年 3 月，针对上述经济业务某企业应做如下分录。

（1）2012 年 3 月 1 日，支付广告费时：

借：销售费用——广告费　30 000

　　贷：银行存款　30 000

（2）2012 年 3 月 12 日，支付销售过程中的运输费和装卸费：

借：销售费用——运输费　6 000

　　　　　　——装卸费　1 500

　　贷：银行存款　7 500

（3）2012 年 3 月 18 日，支付保险费：

借：销售费用——保险费　5 000

　　贷：银行存款　5 000

（4）2012 年 3 月 31 日，计算销售部门职工工资，计提固定资产折旧：

借：销售费用——职工薪酬　80 000

　　贷：应付职工薪酬　80 000

借：销售费用——计提折旧　7 800

　　贷：累计折旧　7 800

（5）2012 年 3 月 31 日，将销售费用结转到“本年利润”：

本月销售费用 = 30 000 + 6 000 + 1 500 + 5 000 + 80 000 + 7 800 = 130 300（元）。

借：本年利润　130 300

　　贷：销售费用　130 300

【例 7－32】 甲企业为增值税一般纳税企业，2012 年 5 月 1 日销售 A 商品 10 000 件，每件商品的标价为 20 元（不含增值税），每件商品的实际成本为 12 元，A 商品适用的增值税税率为 17%。销售过程中，甲企业给予购货方 10% 的商业折扣；同时，为鼓励购货方还款，甲企业给予购货方一定的现金折扣，条件为 2/10，1/20，n/30。5 月 1 日 A 商品已发出，且符合销售实现条件，购货方于5月9日付款。假定计算现金折扣时考虑增值税。

根据以上经济业务，某企业应做以下会计分录。

(1) 5月1日销售实现时：

由于10%的商业折扣，所以甲企业应确认的主营业务收入 = 10 000 × 20 × (1 - 10%) = 180 000(元)。

借：应收账款　　210 600

　　贷：主营业务收入　　180 000

　　　　应交税费——应交增值税（销项税额）　　30 600

借：主营业务成本　　120 000

　　贷：库存商品　　120 000

(2) 5月9日收到货款时：

由于在10内支付货款，购货方可享受2%的现金折扣 210 600 × 2% = 4 212(元)，需要支付款项为 210 600 × (1 - 2%) = 206 388(元)。对于甲企业而言，这个现金折扣应计入财务费用。

借：银行存款　　206 388

　　财务费用　　4 212

　　贷：应收账款　　210 600

如果计算现金折扣时，不考虑增值税，则财务费用为 180 000 的 2%，为 3 600 元。

(3) 若购货方于5月底才付款，应按全额付款。

借：银行存款　　210 600

　　贷：应收账款　　210 600

四、营业外收支

1. 取得营业外收入的账务处理

“营业外收入”科目核算企业发生的各项营业外收入，主要包括非流动资产处置利得、非货币性资产交换利得、债务重组利得、政府补助、盘盈利得、捐赠利得等。本科目可按营业外收入项目进行明细核算。期末，应将本科目余额转入“本年利润”科目，结转后“营业外收入”科目无余额。

企业确认处置非流动资产利得、非货币性资产交换利得、债务重组利得，比照“固定资产清理”、“无形资产”、“原材料”、“库存商品”、“应付账款”等科目的相关规定进行处理。

企业取得营业外收入时做如下会计分录：

借：银行存款、递延收益等

　　贷：营业外收入

2. 发生营业外支出的账务处理

“营业外支出”科目核算企业发生的各项营业外支出，包括非流动资产处置损失、非货币性资产交换损失、债务重组损失、公益性捐赠支出、非常损失、盘亏损失等。本科目可按支出项目进行明细核算。期末，应将本科目余额转入“本年利润”科目，结转后“营业外支出”科目无余额。

企业确认处置非流动资产损失、非货币性资产交换损失、债务重组损失，比照“固定资产清理”、“无形资产”、“原材料”、“库存商品”、“应付账款”等科目的相关规定进行处理。

盘亏、毁损的资产发生的净损失，按管理权限报经批准后，会计分录如下：

借：营业外支出

　　贷：待处理财产损溢

【例7－33】 2012年8月A企业决定和S公司进行非货币性资产交换。

A企业换出资产如下。

（1）固定资产——机床：原价为1 400 000元，累计折旧为300 000元，公允价值为1 300 000元；

（2）无形资产——专利权：初始成本为1 000 000元，累计摊销额为100 000元，计提减值准备200 000元，公允价值为800 000元；

（3）库存商品——甲商品：账面余额为800 000元，公允价值1 000 000元。公允价值合计3 100 000元。

S公司换出资产如下。

（1）固定资产——客运汽车：原价1 400 000元，累计折旧100 000元，公允价值为1 400 000元；

（2）固定资产——货运汽车：原价1 200 000元，累计折旧200 000元，公允价值为1 000 000元；

（3）库存商品——乙商品：账面余额为900 000元，公允价值900 000元。公允价值合计3 300 000元。

A企业和S公司的增值税税率均为17%，营业税税率为5%，假设各自的计税价格都等于公允价值。整个交换过程中没有发生除增值税（甲、乙商品增值税税率17%）和营业税以外的其他相关税费。A企业另外向S公司支付银行存款37万元补价。该交换具有商业实质且其换入或换出资产的公允价值能够可靠地计量。

要求：编制A企业和S公司的会计分录。

1. 对于A企业而言，应向S公司支付的补价=330-310=20（万元）。

换出资产的公允价值作为换入资产的入账价值，即310+37=347（万元）。

计算确定换入各项资产的入账价值：

客运汽车的入账价值=347×[140÷(140+100+90)]=147.2(万元)；

货运汽车的入账价值=347×[100÷(140+100+90)]=105.2(万元)；

库存商品——乙商品=347×[90÷(140+100+90)]=94.6(万元)；

换入以上三项资产的增值税进项税额=347×17%=58.99(万元)；

换出无形资产应缴纳的营业税=80×5%=4(万元)；

换出机床和甲商品应缴纳的增值税销项税额=(130+100)×17%=39.1(万元)。

针对上述经济业务，A企业应编制以下会计分录：

借：固定资产清理	1 100 000	
累计折旧	300 000	
贷：固定资产——机床		1 400 000
借：固定资产——客运汽车	1 472 000	
固定资产——货运汽车	1 052 000	
库存商品——乙商品	946 000	
应交税费——应交增值税（进项税额）	589 900	
累计摊销	100 000	
无形资产减值准备	200 000	
贷：固定资产清理		1 100 000
无形资产		1 000 000
应交税费——应交营业税		40 000
主营业务收入		1 000 000
应交税费——应交增值税（销项税额）		391 000
银行存款		370 000
营业外收入——处置非流动资产利得		458 900
借：主营业务成本	800 000	
贷：库存商品——甲商品		800 000

2. 对于S公司而言，应编制如下分录。

换出资产的公允价值作为换入资产的入账价值，即330－37＝293（万元）。

计算确定换入各项资产的入账价值：

机床的入账价值＝293×[130÷(130＋80＋100)]＝122.9(万元)；

专利权的入账价值＝293×[80÷(130＋80＋100)]＝75.6(万元)；

库存商品——甲商品＝293×[100÷(130＋80＋100)]＝94.5(万元)；

换入机床和甲商品产生的增值税进项税额＝(122.9＋94.5)×17%＝37.0(万元)；

换出三项资产应缴纳的增值税销项税额＝330×17%＝56.1(万元)。

针对上述经济业务，某企业应编制以下会计分录：

借：固定资产清理	2 300 000	
累计折旧	300 000	
贷：固定资产——客运汽车		1 400 000
固定资产——货运汽车		1 200 000
借：固定资产——机床	1 229 000	
无形资产——专利权	756 000	
库存商品——甲商品	945 000	
应交税费——应交增值税（进项税额）	370 000	
银行存款	370 000	
营业外支出——处置非流动资产利得	91 000	
贷：固定资产清理		2 300 000
主营业务收入		900 000
应交税费——应交增值税（销项税额）		561 000
借：主营业务成本	900 000	
贷：库存商品		900 000

第六节　财务成果的计算

一、利润

“本年利润”科目核算企业当期实现的净利润（或发生的净亏损）。

企业期末结转利润时，应将各损益类科目的金额转入“本年利润”科目，结平各损益类科目。结转后本科目的贷方余额为当期实现的净利润；借方余额为当期发生的净亏损。

年末，应将“本年利润”科目余额转入“利润分配”科目，结转后“本年利润”科目应无余额。

1. 期末结转各项收入、利得类科目的账务处理

期末，应将计入当期损益的各项收入、利得类科目的余额转入“本年利润”科目贷方，会计分录为：

借：主营业务收入、其他业务收入、营业外收入等

  贷：本年利润

2. 期末结转各项费用、损失类科目的账务处理

期末，应将计入当期损益的各项费用、损失类科目的余额转入“本年利润”科目借方，会计分录为：

借：本年利润

  贷：主营业务成本、其他业务成本、营业税金及附加、管理费用、销售费用、资产减值损失等

3. 结转损益类科目的账务处理

期末，将“公允价值变动损益”、“投资收益”科目的净收益转入“本年利润”科目，会计分录为：

借：投资收益、公允价值变动损益

  贷：本年利润

借：本年利润

  贷：资产减值损失

期末将“投资收益”科目的净损失转入“本年利润”科目，会计分录为：

借：本年利润

  贷：投资收益

4. 结转全年利润（或亏损）

年末，将全年实现的净利润，自“本年利润”科目转入“利润分配”科目，会计分录为：

借：本年利润

  贷：利润分配——未分配利润

如为净亏损，则结转“本年利润”的会计分录为：

借：利润分配——未分配利润

贷：本年利润

【例7-34】 某企业2012年3月实现主营业务收入24 000元，其他业务收入20 000元、营业外收入8 000元；发生主营业务成本12 769.80元、其他业务成本10 000元、营业税金及附加340元、营业外支出2 000元、管理费用9 312元、财务费用1 000元、销售费用5 452元。将上述科目余额结转至“本年利润”科目如下：

借：主营业务收入	24 000	
其他业务收入	20 000	
营业外收入	8 000	
贷：本年利润		11 126.2
主营业务成本		12 769.8
其他业务成本		10 000
营业税金及附加		340
营业外支出		2 000
管理费用		9 312
财务费用		1 000
销售费用		5 452

二、所得税费用

“所得税费用”科目核算企业确认的应从当期利润总额中扣除的所得税费用，可按“当期所得税费用”、“递延所得税费用”进行明细核算。期末，应将“所得税费用”科目的余额转入“本年利润”科目，结转后“所得税费用”科目无余额。

1. 所得税费用的计算

所得税费用，由当期应缴所得税和递延所得税费用两部分构成，计算所得税费用时应对其分别进行确认和计量。

在计算确定当期应缴所得税及递延所得税费用（或收益）的基础上，应将两者之和确认为利润表中的所得税费用（或收益），但不包括直接计入所有者权益的交易或事项的所得税影响。即：

所得税费用（或收益）=当期所得税+递延所得税费用（-递延所得税收益）

当期应交所得税金额可按以下顺序算出：

（1）纳税调整后所得 = 会计利润 - 计入损益的不征税收入或免税收入 ± 按照会计准则计入损益但按税法不计入应税所得的收入或不得在税前扣除的成本费用 ± 按会计准则计入损益的收入与按税法规定计入应税所得的收入之间的差额 ± 按会计准则计入损益的成本费用与按税法规定可以在税前扣除的成本费用的差额 ± 其他需要作为纳税调整的因素

（2）应纳税所得额 = 纳税调整后所得 - 弥补以前年度亏损 - 加计扣除额 ± 其他调整金额

（3）当期应交所得税 = 应纳税所得额 × 适用税率

2. 所得税费用的账务处理

（1）资产负债表日，按照税法规定计算确定的当期应交所得税，会计分录为：

借：所得税费用（当期所得税费用）

　　贷：应交税费——应交所得税

（2）资产负债表日，按递延所得税资产的应有余额大于“递延所得税资产”科目余额的差额，冲减所得税费用，会计分录为：

借：递延所得税资产

　　贷：所得税费用（递延所得税费用）

将递延所得税资产的应有余额小于“递延所得税资产”科目余额的差额，计入所得税费用，会计分录为：

借：所得税费用（递延所得税费用）

　　贷：递延所得税资产

（3）资产负债表日，按递延所得税负债的应有余额小于“递延所得税负债”科目余额的差额，冲减所得税费用，会计分录为：

借：递延所得税负债

　　贷：所得税费用（递延所得税费用）

将递延所得税资产的应有余额大于“递延所得税资产”科目余额的差额，计入所得税费用，会计分录为：

借：所得税费用（递延所得税费用）

　　贷：递延所得税负债

【例 7 - 35】 某企业 2011 年度的税前会计利润为 2 000 万元，所得税税率为 25%。当年按税法核定的全年计税工资为 200 万元，全年实发工资为 180

万元。假定某企业全年无其他纳税调整因素。某企业递延所得税负债年初数为40万元，年末数为50万元，递延所得税资产年初数为25万元，年末数为20万元。某企业的会计处理如下：

2011年某企业的递延所得税费用=(50－40)+(25－20)=15(万元)

2011年某企业的所得税费用=当期所得税+递延所得税费用=2 000×25%+15=515(万元)。

某企业针对上述事项编制会计分录如下：

借：所得税费用　　5 150 000

　　贷：应交税费——应交所得税　　5 000 000

　　　　递延所得税负债　　100 000

　　　　递延所得税资产　　50 000

期末将所得税费用结转入"本年利润"科目：

借：本年利润　　5 150 000

　　贷：所得税费用　　5 150 000

三、利润分配

"利润分配"科目核算企业利润的分配（或亏损的弥补）和历年分配（或弥补）后的余额，应分"提取法定盈余公积"、"提取任意盈余公积"、"应付现金股利或利润"、"转作股本的股利"、"盈余公积补亏"和"未分配利润"等进行明细核算。年末余额，反映企业的未分配利润（或未弥补亏损）。

1. 关于法定盈余公积的账务处理

（1）企业按规定提取的法定盈余公积，会计分录为：

借：利润分配（提取法定盈余公积）

　　贷：盈余公积——法定盈余公积

（2）外商投资企业按规定提取的储备基金、企业发展基金、职工奖励及福利基金，会计分录为：

借：利润分配（提取储备基金、提取企业发展基金、提取职工奖励及福利基金）

　　贷：盈余公积——储备基金、企业发展基金、应付职工薪酬

（3）金融企业按规定提取的一般风险准备，会计分录为：

借：利润分配（提取一般风险准备）

　　贷：一般风险准备

2. 关于任意盈余公积的账务处理

（1）企业按规定提取的任意盈余公积，会计分录为：

借：利润分配（提取任意盈余公积）

　　贷：盈余公积——任意盈余公积

（2）用盈余公积弥补亏损，会计分录为：

借：盈余公积——法定盈余公积或任意盈余公积

　　贷：利润分配（盈余公积补亏）

（3）金融企业用一般风险准备弥补亏损，会计分录如下：

借：一般风险准备

　　贷：利润分配（一般风险准备补亏）

3. 向投资者分配利润的账务处理

（1）期末，决议分配给股东或投资者的现金股利或利润的会计分录如下：

借：利润分配（应付现金股利或利润）

　　贷：应付股利

（2）期末，决议分配给股东的股票股利的会计分录如下：

借：利润分配（转作股本的股利）

　　贷：股本

（3）期末，应将“利润分配”科目所属其他明细科目的余额转入本科目“未分配利润”明细科目。结转后，“利润分配”科目除“未分配利润”明细科目外，其他明细科目应无余额。

4. 以前年度损益调整

（1）调增的以前年度利润或调减的以前年度亏损，并相应增加所得税的会计分录为：

借：有关科目

　　贷：以前年度损益调整

借：以前年度损益调整

　　贷：应交税费——应交所得税

（2）调减的以前年度利润或调增的以前年度亏损，并相应减少所得税的会计分录为：

借：以前年度损益调整

　　贷：有关科目

借：应交税费——应交所得税

　　贷：以前年度损益调整

(3) 结转“以前年度损益调整”科目余额至“利润分配（未分配利润）”科目，做会计分录为：

借：以前年度损益调整

　　贷：利润分配——未分配利润

或为：

借：利润分配——未分配利润

　　贷：以前年度损益调整

【例7－36】 2011年12月31日，某企业的“本年利润”科目贷方余额为100万元，假设按照10%的计提比率提取法定公积金，按8%的比率提取任意公积金，并决议分配给股东的利润为25万元，分配给股东股票股利15万元。剩余利润未作分配。则企业应做如下账务处理。

(1) 将“本年利润”科目余额转入“利润分配”。

借：本年利润	1 000 000	
贷：利润分配——未分配利润		1 000 000

(2) 提取法定公积及任意盈余公积金时：

提取法定盈余公积金额＝100×10%＝10（万元）；

提取任意盈余公积金额＝100×8%＝8（万元）。

借：利润分配——提取法定盈余公积	100 000	
利润分配——提取任意盈余公积	80 000	
贷：盈余公积——法定盈余公积		100 000
——任意盈余公积		80 000

(3) 分配给股东利润时：

借：利润分配——应付利润	250 000	
贷：应付股利		250 000

(4) 分配给股东股票股利时：

借：利润分配——转作股本的股利	150 000	
贷：股本		150 000

(5) 将“利润分配”科目所属其他明细科目的余额转入本科目“未分配利润”明细科目：

借：利润分配——未分配利润	580 000	
贷：利润分配——提取法定盈余公积		100 000
利润分配——提取任意盈余公积		80 000

利润分配——应付利润 250 000

利润分配——转作股本的股利 150 000

最终，“利润分配”科目除“未分配利润”明细科目外，其他明细科目余额均为0，“未分配利润”明细科目余额为 100 - 58 = 42（万元）。

【例7-37】 A企业2010年6月1日销售一批产品给S公司，货款为35 100元（含增值税）。S公司于当月收到所购物资并承诺一个月内付款。由于乙公司财务状况不佳，到2010年12月31日仍未付款。A企业于12月31日编制年度财务报表时，为该项应收账款提取坏账准备4 000元。2011年3月6日（所得税汇算清缴前），A企业收到法院通知，S公司已宣告破产清算，无力偿还所欠部分货款。A企业预计可收回应收账款的40%。适用的所得税税率为25%。A企业按净利润的10%提取法定盈余公积，提取法定盈余公积金后不再作其他分配。要求做出相关的调整分录。

3月6日，A企业对应收账款的调整事项属于资产负债表日后调整事项。具体调整过程如下。

（1）补提坏账准备：

应补提的坏账准备 = 35 100 × 60% - 4 000 = 17 060（元）；

借：以前年度损益调整 17 060

贷：坏账准备 17 060

（2）调整所得税费用：

坏账准备的计提使A企业产生4 265（17 060 × 25%）元的递延所得税资产。

借：递延所得税资产 4 265

贷：以前年度损益调整 4 265

（3）将“以前年度损益调整”科目的余额转入利润分配：

借：利润分配——未分配利润 12 795

贷：以前年度损益调整 12 795

（4）调整利润分配的相关数据：

应减少计提的盈余公积金额 = 12 795 × 10% = 1 279.5（元）。

借：盈余公积——法定盈余公积 1 279.5

贷：利润分配——未分配利润 1 279.5